池内紀

みんな昔は こどもだった

講談社

はじめに――こどもといういきもの

幼いころ、フシギでならなかった。遠足のあと、宿題で作文を書いてくる。あるいはクラスで写生に行く。誰もが同じものを見て、同じことをしたはずだ。ところがみんな、ちがったものを書いてきた。それぞれ別の写生になった。

さらにまた、気になることがあった。言葉で書こうとすると、あるいは色や線で表わそうとすると、やにわに当のものが、ふつうでなくなっていく。それまでは何てこともなかった人や出来事が、エンピツをもって書こうとすると、急に大切な何かに思えてきた。クレヨンをもつと目の前の山や木が、ふだんとちがって見えてくる。だいいち青い山をかこうとして、いくら青いクレヨンをぬっても、ちっとも青い山にならないのはどうしてだろう?

ここには十五人の「こども」が語られている。大きな、個性的な仕事をした人たちの幼少期をたどっていった。当人が回想してつづったものを軸として、時代の資料や報告をまじえている。

おおかたが十歳前後、あるいは十代半ばであって、気持ちのなかにいろんな思いをもちながら、自分ではそれを表現する言葉をもたず、分析する術を知らない。かわりに何かに耽溺している。手塚治虫の場合、十四歳のときに作った「昆蟲研究ノート」だった。採集した虫を克明に写生して、参考書どおりに『原色甲蟲圖譜』を作った。信じられないほど早熟で器用な少年がいる。手づくり作業のなかで本能的に虫に同化し、虫の世界を丸ごと吸収しようとしたことが見てとれる。

ふつうは少年・少女期から、しだいしだいに大人になるものだが、一足とびに世情にたけた大人になって、のちに少しずつ少年・少女期をとりもどした場合もある。みずからを復元していく過程が、精度のいい望遠鏡でながめたようにつづられていく。柳田国男はこども時代より七十年余りの時がたってのちに、やおら小声で語り始めた。描写のこまやかさが語り手の人となりを示すとともに、語られた事柄のリアリティを保証している。

それぞれが生きた時代の出来事や世相や風俗が、まさに少年・少女のまなざしで受けとめてあるだろう。また受け手の背丈に応じて正確に縮小されている。小さないきものの小さな日常から見えてこないか――そこでは誰もが即席の詩人であり、即席の思想家であり、即席の科学者であって、何が自分にとって必要であり、何が無用か、よく知っている。必要以上は願わない。そんな幼い者たちの生理を、なるたけ損わずに写しとろうとした。

藤原義江・一八九八年、稲垣足穂・一九〇〇年、畦地梅太郎・一九〇二年、林芙美子・一九〇三年、幸田文・一九〇四年——気がつくと、生年がこんなにちかい。池波正太郎・一九二三年、高峰秀子・一九二四年、澁澤龍彥・一九二八年、手塚治虫・一九二八年、向田邦子・一九二九年、野坂昭如・一九三〇年。こちらは二、三十年後の世代にあたる。意図して選んだわけではないが、興味の糸をたどっていくと、期せずしてこうなった。

幼い人生の始まり。最初の一歩が行く末をそれとなく暗示している。それがどう進むか、むろん当人にもわからなかった。しかし、実をいうと、あるおぼろげな予感があり、予感こそ正確な手引き役になる。あとになってわかるのだが、最初の一歩が、しばしば最後の一歩になった。

いったい何が二点間を結ばせたのか。それを探ろうとした。当人がたえずもどっていった一点でもある。何か、とても肝心なことを宿しており、おりにつけ奇妙な初々しさでよみがえる。こちらとすれば、ほんの少し言葉を補うだけでよかったのである。

みんな昔はこどもだった

目次

みんな昔はこどもだった

手塚治虫

永遠のひとりぼっち

記憶の底に、あの愛すべき人物がいる。ヒゲオヤジ、アセチレン・ランプ、ケン一《いち》クン、ハムエッグ、ドジエモン、ラムネ、ブタモ・マケル……。ヒゲオヤジは『オヤヂ探偵』でデビューした。名前のとおり白い立派な八字ひげをはやしていた。パナマ帽に蝶ネクタイ、男気《おとこぎ》があって涙もろく、のべつダジャレをとばしている。アセチレン・ランプは『ロストワールド』に登場。何かあると先廻りしている新聞記者で、得意満面のとき、頭のうしろにローソクが立ってポッと火がともる。ケン一クンは目の大きな、頭のいい少年で、『新宝島』以来のおなじみだった。『火星博士』『メトロポリス』『ふしぎ旅行』——多少ともこましゃくれたスターである。

手塚治虫《てづかおさむ》は、ほかにもどっさり忘れ難いキャラクターを生み出した。とびきりの大物が鉄腕アトム、火の鳥、ジャングル大帝、あるいはリボンの騎士だろう。ホンモノの『西遊記』は読んだことはなくても、手塚マンガの『ぼくの孫悟空』は知っている。私自身、「ドイツ文学者」などと称しているが、もっとも早くに親しみ、もっとも多く読み返したのは、手塚治虫の『ファウスト』である。

手塚治虫が生まれたのは大阪府豊中市だが、昭和八年（一九三三）、満四歳のとき、兵庫県宝塚市へ引っ越した。もともと本籍はそちらだったようで、自叙伝に書いている。

「ぼくの本籍は宝塚市鍋野町二九。かつては川辺郡小浜村鍋野といった」

宝塚市は兵庫県のほぼ東端にあって大阪府豊中市にちかい。しかし、親が宝塚へ引っ越したのは、手塚治虫には大きな意味があった。もし豊中市民のままでいたとしたら、のちの天才的マンガ家は生まれていなかったかもしれないのだ。

市中を武庫《むこ》川が流れている。本籍の旧名に「浜」がつくのは、昔は武庫川の舟運が盛んで、河港があったからだろう。いわずと知れた宝塚歌劇の町である。当時の宝塚遊園は現在ほど派手やかなものではなかったが、川沿いに歌劇場をはじめとして、ルナパーク、ホテル、ダンスホール、温泉館、ゴルフ倶楽部、昆虫館などが揃っていた。昭和の大経済人で、稀代のアイデアマン小林一三が、阪急電車を起点に一代でつくりあげた「夢の町」であって、日本の町や村に固有の風土的な土着性をいっさいもたない、ある種の「未来都市」といってよかった。

ここでは軍人や大臣や博士ではなく、歌劇団の人気者がヒーローだった。レビューの舞台にはパリやマドリードやニューヨークが幻のように現われた。軍人と軍服と号令が幅をきかせていた時代にあって、ここだけは女が主役であり、女たちの世界だった。

「ぼくは宝塚歌劇が少女歌劇といった時代、最も変化に富んだ時代の何十年かを身近に過ごし、その影響を受けて育った世代である」

軍国少年が大空の勇士をかぞえるようにして、舞台のヒロインの名前をあげていく。「家の隣は天津乙女と雲野かよ子の姉妹が住み（…）向い隣のはずれの家には園井恵子が居たが（…）ちょっと歩くと越路吹雪の家の前だった」

春になると歌劇学校の新入生が、家の前を緑のはかま姿でゾロゾロと通っていく。小学生のころの思い出というと、「パリゼット」「花詩集」「ミュージック・アルバム」の三つにとどめをさすという。ほかにも舞台を昨日のことのように鮮明に覚えていて、天津乙女の「ジャン二等兵の歌」、エッチン・タッチンの「三人の子供の歌」「トウランドット姫」「マグノリア」「チャブ・ヂャブ・コント」……。ここから代表作『リボンの騎士』はほんの一歩なのだ。手塚マンガのキャラクターのもつ無国籍性、奇想天外さ、モダニズム、冒険趣味、さらにいささかキザっぽい文学性といった特徴は、おのずと「タカラヅカ」にかさなってくる。自分が育った夢の町の宝物を、そっくり作品にとりこんだぐあいなのだ。実際、当の作者が死の四年前に述べている。

『リボンの騎士』は、ぼくの宝塚体験の総決算から生まれた作品である。『ベルサイユのばら』その他の少女漫画が『リボンの騎士』からはじまったことを思うと、少女漫画のルーツに間違いなく宝塚が存在するのである」

手塚治虫が自分を語ったものに、『ぼくはマンガ家』（一九六九年）と『ぼくのマンガ人生』

（一九九七年）の二つがある。前者は四十歳のときに書いたもの。後者は死後にまとめられたもの。多少とも表現上のちがいはあるが、語られたところは、ほぼひとしい。

戦前の宝塚は、もの静かな郊外地で、裏山にはさまざまな虫がいた。マンガに少し先立って虫が少年をとらえた。遊び仲間に大きな時計商の息子がいて、彼に借りた昆虫図鑑がやみつきの始まりだった。それまでは文字どおり虫も殺せない、気の弱い子どもだったのが、すすめられるままに昆虫を集めだした。そしてはじめて「自然界の神秘さ」をのぞいたような気がした。ペンネームに「治虫」とつけたのは、彼に教わったオサムシという甲虫の名をもじったわけだし、医学から科学マンガへの人生コースを開いてくれたのも彼だったという。

大きくいえばそのとおりだろうが、この昆虫少年は、あきらかに並の虫好きではなかった。宝塚には現在、円塔をもつヨーロッパの古城スタイルの手塚治虫記念館があるが、『手塚治虫生誕80周年記念展』（二〇〇八年）に「治虫少年の昆蟲研究ノート」が展示されていた。十四歳のときのもので、採集した標本を克明に写生し、合わせて参考書を借りて自分の『原色甲蟲圖譜』を制作した。メモによると、昭和十八（一九四三）年の正月から取り組んだもので、参考にしたのは平山修次郎著『原色千種昆蟲圖譜』。雑甲虫の類は第1集第3図版、ホタルや水生昆虫類は第1集第4図版、ゾウムシは第2集第8図版といったぐあいに、こまかく分類した。

もう一つの手製『昆蟲の世界』にはメンタルテストのページがあって、三十種の部分を組み合わせた虫を示して、元の虫をあてさせたり、蟻の脚を一本示し、わきにいる十種のうち、どの蟻に属するかテストする。附録には「甲蟲採集器具」が図解されていて、一つ一つに用途、使い方、注意事項がそえられている。

信じられないほど早熟で、器用な少年だった。小さないきものへの深い愛情と敬慕があってのことだったが、それだけではないだろう。手作りの作業のなかで本能的に、人間を捨てて虫と同化し、虫の世界をまるごと吸収しようとした少年の強烈な意思が感じとれるのだ。おそるべき克明な線描と、息抜きのページのユーモア。のちの手塚治虫のすべてがすでに顔をのぞかせていた。

やがて手製の回覧雑誌を発行。旧制中学生はマンガという表現方法のおもしろさを知った。そのころの一つ「幽霊男」には、はやくもヒゲオヤジが登場している。のちには丸まっこい短軀になったが、はじめは痩せて、背が高かった。さらに習作として「ロストワールド」をつくった。ストーリー・マンガの試みである。それまでマンガは四コマか、長くてもコントとして笑わせるだけであって、長大なストーリーをもつなど論外であった。これまでなかった新しいスタイルであることは、中学生の感覚できちんと承知していたのだろう。みずから注をつけて、「これは漫画に非ず、小説にも非ず」と断っている。

記念館のハイビジョンで、オリジナルアニメ『オサムとムサシ』が上演されていた。舞台は戦時中の宝塚。いじめられっ子のオサムが上級生につかまって、丹精こめたマンガのノートを取られてしまう。必死で追いかけるオサム。まん丸い眼鏡の奥の目が引きつっている。軍事教官はノートをひと目見るなり、まっ二つに引き裂いた。戦争のさなかだというのに、マンガなんぞに熱中するとはなにごとだ！

その夜、小さな明かりの下で、オサムが泣きながらノートを貼り合わせている。すると鉛筆の上に虫があらわれた。昼間とらえたオサムシである。

「たしかに、うまいけど――」

オサムシが遠慮がちに言った。

「このマンガには、何かが足りない。それが何だか、知りたくはないかい？」

オサムシに誘われてオサムは不思議の旅をする。「治虫」をペンネームに選んだのは、遊び仲間の手引きだけではなかったことがうかがえる。

一九五〇年代に雑誌『漫画少年』を手にした世代は幸せ者だ。粗末なカラーの表紙には野球帽をかぶった少年がいる。眩しそうな顔をしているのは、カメラで写されるなどめったにないことなので、テレているのだ。それはまた眩しい雑誌でもあって、まるで宝の箱をあけるように胸おどらせてページをひらいた。手塚治虫はそこに『ジャングル大帝』を連載していた。ついで『鉄腕アトム』の前身にあたる『アトム大使』をスタートさせるだろう。

そのころの広告には、『ジャングル大帝』と下村湖人《しもむらこじん》の『次郎物語』が並んでいる。『次郎物語』には日教組教育文化部、全日本社会教育連合会、児童文学者協会の推薦がついている。「悩み、傷つきながら、たえず向上を求める少年の成長物語」というのだが、しかし、私たちにはむろん次郎ではなくレオだった。ジャングルの孤児、ライオンの子レオの遍歴こそ、自分たちの求める世界だった。だからといって絵空ごとに憧れていたのではないのである。

手塚マンガはいつでも独特のなつかしさをもっていた。モデルになったかもしれない人物を、それとなく知っていた。たしかに町にはきっとひとりのヒゲオヤジがいた。頭はハゲているがヒゲは立派で、ソフトの帽子をかぶり、ステッキを構えてやってきた。頑固者でウルサ型でとおっていたが、どこか愛嬌があって、子どもたちの人気者だった。

脇役としてヘマばかりするハムエッグや、ラムネや、カルピスは、戦後の窮乏期にあって、それぞれ子どもたちの憧れの食べ物、飲み物だった。アセチレン・ランプは夜店につきもので、独特の悪臭をふりまきながら、赤っぽい明かりのなかに黒い不思議な影をつくっていた。

しかし、少年の心をとらえたのは、そういったことだけではなく、もっと根源的なことだったのではあるまいか。『ジャングル大帝』のレオ、ママンゴ星にたどりついた『ロストワールド』の主人公、はるかな天竺を望みながら天地に往きくれる三蔵法師、あるいはペテルブルクの孤独な大学生——いずれも永遠のひとりぼっちだ。名は変わっても、つまりは同じ一つの境遇においては変わらない。一つの手塚的原理であって、永遠のひとりぼっちであるからには、彼らはいつも永遠について考えないではいられない。それは時間と空間の中の無限の運動で示されて、言葉はせいぜいギャグを発するのに入り用なばかりなのだ。哲学者パスカルは夜空をながめて、無限の空間に戦慄したが、手塚治虫の主人公たちもまた無限の空間に戦慄している。だからこそ一瞬の休みもなく飛びまわるのだ。片ときも動きをやめない。永遠の空間の中の永遠の問いは、永遠の運動によってあらわすしかないからである。

はじめに述べたように、私は手塚治虫の『ファウスト』を幼いころに知った。小学五年生のときだったと思うが、貸本屋で見つけて借りて帰った。たしか貸し料が一日三円、日のべすると一日一円ずつ高くなる。

貸本屋で借りた本は、その日のうちに繰り返し読んだ。読み終わると、再び初めから読んでいって、気に入ったところを、とびとびに開いてみたりした。返すまぎわにまた読み直し、どうかすると返しにいく道みちに、お気に入りのところを読み返した。

だから私は手塚版の『ファウスト』のセリフをそっくりそのまま覚えていた。たとえば悪魔メフィストフェレスが神様と賭けをするシーンがある。大学者ファウストを魔法の力で地獄へ引きずりこめるかどうか。

「エッへへへ　ファウストだろうがセカンドだろうが　わけありませんや」

「よろしい　ではさっそくおまえのてなみを　見せてもらおう　行ってこい！」

とたんにメフィストが闇夜をつらぬく火柱となって下界へ舞い落ちる。ながらく私はファウストが、野球のセカンドの前のファーストから名づけられたと思っていた。

ずっとのちにドイツ文学などを勉強して、もう一つの手塚版『ファウスト』を知った。東京大学文学部独文科教授・手塚富雄訳『ファウスト』である。当時、名訳の誉れが高かった。豪華な函入りで中央公論社刊。

手塚治虫は宝塚の家に世界文学全集があって、中学のころゲーテの巻を何度となく読み返したという。マンガに仕立て、昭和二十四年（一九四九）、大阪の不二書房より出した。このとき二十一歳。おりしも貸本屋専門のマンガを出していたところで、不二書房のマンガは表紙が赤色をしていたことから、「手塚治虫の赤本時代」とよばれている。本格的デビューの数年前の作である。

ずっとのちのことだが、講談社の「手塚治虫漫画全集」の『ファウスト』に手塚治虫は「あとがき」をつけ、「なぜ、あの赤本時代の大阪で、わざわざ漫画化をしようと思いたったのか、どうも記憶がはっきりしません」と述べているが、しかしながら、すでにマンガ家を志していた中学生が、ここにとびきりの素材を見つけたことはあきらかだ。老学者が不思議の薬で若返って美しい娘に言い寄るとか、人造人間を生み出すとか、紙切れを金貨に変えるとか、魔術で幻惑して敵の大軍を手玉にとるとか、『ファウスト』にはなんとも興味深いテーマがぎっしりつまっている。どれもこれも現代の素材としてもピッタリであって、まったくマンガにしてみたくもなろうというものだ。

さらにまた長い年月が経って、私自身、『ファウスト』を訳した。旧来の詩句をなぞるかたちはとらず、散文スタイルで押しとおした。その際、同じ手塚版でも富雄先生ではなく、わが名と同じオサム版『ファウスト』に立ちもどった。赤本『ファウスト』は子ども向きの軽妙なスラップスティックの喜劇に仕立ててあって、おそろしくセリフのキレがいい。

「エッへへへ　ファウストだろうがセカンドだろうが……」

幼いころは声に出して読んだものだが、半世紀ばかりのちに同じセリフを口ずさみながら訳していった。

実のところ、手塚治虫は晩年にも、もう一つ「ファウスト」を書いていた。「永遠のひとりぼっち」の劇場版・未発表、意味深い遺作として残された、アニメ・シナリオ『ネオ・ファウスト』。死の五年前、一九八四年に書かれたという。

「林立する高層ビル、渋滞する車の群、そして色とりどりの商店と雑踏——どこにもある大都会の情景である」

舞台は現代、大学の実験室で「人工生命体」の研究に明けくれている老学者が主人公。いまだ生命の秘密が解き明かせない。そこに悪魔が忍びよる。魂と引きかえに望みをかなえてやろう——。

手塚治虫はすこぶる入念に準備をした。二十世紀の「ファウスト」劇であって、主題はバイオテクノロジー。その構想のもとに、あらためてゲーテを読み返したのだろう。人物の対話を選びとって自分の「ファウスト」に移していく。

「貴方が契約してくれればあたしは貴方の召使になってあげます」

悪魔メフィストを女にした。おのずと皮肉な喜劇性がまじりこんでくる。若返ったファウストに女メフィストが恋をする。悪魔にとっては予想外の計算ちがいであって、とどのつまり、ファウストが恋人と抱き合って昇天するのを、ものさびしく見送るハメにおちいって幕。

アニメ・シナリオが、それとなく創作過程をのぞかせてくれる。旧来の娯楽性を削り、先鋭な批評性に移しかえ、喜劇を深めてシンラツな社会諷刺を盛り込んだ。『ネオ・ファウスト』のメフィストは「ご損のないお取り引き」による契約をすすめ、ビジネスのためとあれば美しい乳房をむき出しにするだろう。バイオテクノロジーは大々的に企業化され、二十世紀のファウストはアタッシエケースを下げて世界中を飛びまわる。

ゲーテは『ファウスト』第二部完成のしるしに自分で自作に封印をした。手塚治虫の『ネオ・ファウスト』は第二部に入ったところで中絶している。シナリオを通してながめると気がつくのだが、まさに中絶の最後の一コマが、セリフもぴったりゲーテの第一部最終シーンと合わせてある。医学専門部卒のマンガ家は自分の体内のがんの進行をはっきり見定め、「わがファウスト」の完了のしるしに最終一コマで封印したのではなかろうか。

向田邦子

中廊下のある家

向田邦子《むこうだくにこ》の父親は保険会社に勤めていた。金融関係の職業におなじみだが、数年で転勤する。「単身赴任」といった言葉が日常化するまで、家族そろって移動するのが通例だった。そのため、幼い子は何度も転校するハメになった。

「父が仙台支店に転勤になった」

「鹿児島に転勤する前だから、私が小学四年生、弟が二年生の時だった」

『父の詫び状』には、何度も出てくる。幼いころの記憶に立ちもどるとき、向田邦子はまずそれが、どの転勤のときで、家族がどこにいたのか、指を折ってたしかめた。小学校だけで四度転校し、そのたびに親しくなった友だちと別れ、見知らぬ町の見知らぬ家に、見知らぬ町の見知らぬ学校に通わなくてはならなかった。

「あれは宇都宮の軍道のそばの家であった」

これは小学校に入る前のことで、転校ではなかったが、見知らぬ家という点ではかわりはない。

「当時、高松市店長をしていた父が東京本社へ転勤になり……」

長女邦子は女学校に入ったばかりで、一学期を終えてから転校することにして、その間、お茶の師匠をしているうちに預けられた。

金融機関にはエリート組がいて、主だった支店を二つばかり経験すると、その後は幹部候補生として本社詰めになる。向田邦子の父親はエリート組ではなかったが、ノロノロであれ、転勤のたびに出世した。その出世街道にあって高松支店長といったポストが、会社内ではどのような位置づけにあったのかはわからないが、本社へもどる一歩手前といったところなのだろう。宇都宮のころは次長で、月給九十五円。新聞は朝日、たばこは敷島《しきしま》、キャラメルは森永がごひいき。それは娘にいわせると、正統派というより、「杓子定規」な性格のしからしむるところだった。

「小学五年の時に、鹿児島から高松に転校した」

べつに時系列でエッセイを書いていったわけではないので、どの思い出がどこの町だったか、読者にはわからなくなる。むろん、わからなくてもかまわない。父と母と、女の子二人、男の子一人の五人家族。時代は、つかのまの小春日和のような昭和十年代が、やがてキナ臭くなり、とどのつまりは戦争に突入。つづいて敵機襲来に逃げまどう日々になった。そんな時代のサラリーマン家族の日常が印象深く語られていく。

『父の詫び状』は向田邦子にとって、「文章という形でまとまったものを書いたのは初めて」の作品だった。ただし、早くからテレビドラマの脚本は手がけており、放送作家としては練達の腕がひろく知られていた。ここでいう「文章という形」は、ドラマ化を前提にしないといったぐらいの意味だろう。

「父は生まれ育ちの不幸な人で、父親の顔を知らず、針仕事をして細々と生計を立てる母親の手ひとつで育てられた。物心ついた時からいつも親戚や知人の家の間借りであった」

不幸な生い立ちのせいか、ひがみっぽい性格で、家では癇癪もち。人の長所よりも欠点を見てとって口うるさい。口でののしるだけでなく、ときには手を上げる——原寸大の父親のようでもあれば、テレビドラマの下絵《コンテ》を思わせもする。

「母方の祖父は建具師であった」

上州屋を名乗って、戦前はけっこう羽振りがよいときもあったが、他人の請判《うけはん》をしたのがつまずきのはじまり。孫が物心ついたころには、「麻布市兵衛の小さなしもた屋で、たまに注文のある料亭の建具やこたつややぐらなどの手間仕事をして暮らしていた」

こちらも記憶のなかの祖父という以上に、より多くテレビドラマの筋書きのように思えてしまう。この上なくたのしい向田随筆の唯一の不幸というものだ。

ともあれ、読んでいるとよくわかる。かつて日本人の暮らしのなかでは、接客が大きな比重を占めていた。夜ふけに突然やってきた人をも酒食でもてなす。そして家自体も驚くほど客本位につくられていた。南向きの部屋はそっくり客用で、家族は暗い北面で息をひそめている。

トイレも客間に付属するかたちで、客があると家族は用も足《た》せない。

「保険会社の地方支店長をしていた父は、宴会の帰りなのか、夜更けにほろ酔い機嫌で客を連れて帰ることがあった」

客を迎えるときの家族の役割もきまっていた。遠慮を口にする客を、父が玄関へ引き入れる。母が客のコートを預かり、座敷に案内して、挨拶をする。玄関の靴を揃えるのが子どもの役目だ。小学生であれ、長女ともなると台所の手伝いもある。靴を揃えたあと、台所へ走り、酒の燗のための湯をわかして、人数分の膳を出し、箸置きと盃を並べる。それが終わると、再び玄関にとって返して、客の靴の泥を落とし、雨の日だと、新聞紙を丸め靴に詰めものにして、湿気をとっておく。

酔いつぶれた客が帰りがけに玄関などで粗相をすると、あと始末がたいへんだ。仙台支店のころのようだが、冬のさなかに、敷居のところに凍りついた吐瀉物を爪楊枝で掘り出したこともある。ある晩のこと、泊り客が多くて、客用の夜具、布団が足りず、長女は自分のごひいきの「花火の掛布団」を召し上げられ、かわりにカビ臭い古毛布をあてがわれた。

父は家では口やかましいが、外面《そとづら》がいい。ある夜は芸者衆に送られて帰ってきた。

「……黒いトンビを着た父にまつわりつくようにして、三、四人の芸者が座敷に上った」

日ごろなじみのない、びんつけ油と白粉《おしろい》の匂いが漂ってきた。このときの母親の動き——箪笥のカンの音を立てて手早く羽織を取り替え、にこやかに迎えて茶の間に引っ込むと、子どもたちに早く寝ろと強い口調で叱りつける。祖母——黙って火鉢の灰をならしている。父——客間からフラフラ出てきて、母の背にかぶさるようにして冗談口を叩き、お銚子を手にして、「アチアチ」とふざけながらもどっていく。

夫婦のあいだの嫉妬のまじった微妙な心の状態が、家族の動きだけで書きとめてある。

「足音がするので中廊下《なかろうか》へ出てみると、ご不浄の帰りに座敷と間違えて納戸を開けている客もいる」

「中廊下」といっても、もはや死語にちかく、ほとんど通じないかもしれない。しかし、よく気のつく少女には、はじめて知ったとき、眩しい言葉であり、夢のような空間だったにちがいない。父親の新しい赴任先へ行き、あてがわれた住居なり社宅に入る。どうしたことだろう、玄関先に小さな板間があって、ごく狭い板張りの通路がのびている！　少女には、それが幻の王宮への道のように見えたのではあるまいか。実際は「廊下」というのも気がひけるほどの短い通路であって、そこを通って茶の間、あるいは台所へ行く。すぐ横手に洗面所とトイレがあって、廃品回収用の新聞が束ねてあったりする。ただそれだけのものだが、少女は小躍りするようにして往きつ戻りつしたあげく、ピョンピョン跳びまわったかもしれない。母親にたずねると、「中廊下」と教えられた。「中廊下、中廊下」と、自分でも呪文のように言ってみたかもしれない。なんてステキな廊下だろう！　もうこれで客がきたときも、納戸にじっとひそんでいなくていい。トイレを我慢して、身もだえしなくてもいい。気がねなく台所にも茶の間にも行ける。やっと自分たちの家ができた！

あまりに日常化していて、おおかたの人はあらためてわが家に「中廊下」がそなわっていることなど思いもしないだろう。向田邦子がエッセイに書きつけたのは、それがとても貴重な空間であることを、身にしみて知っていたからだ。これ一つで日本人の暮らしが大きく変わった。向田家の五人が本来の家族になった。

明治から大正、昭和初期までの日本人の生活誌と深くかかわっている。旧武家屋敷、明治期の代表的な住宅、官吏の官舎、大会社幹部の社宅、夏目漱石の新聞連載小説『それから』の主人公が住んでいた借家、芥川龍之介の東京・田端《たばた》の住居……。いずれも玄関に小さな上がりまちがあるだけで、すぐに小部屋、つぎの間、座敷、外に縁側、突き当たりが便所。客がくると、家族はこのタテ軸から退去した。わずかにのこされた横手なり奥なりの狭いところにかたまり合っている。台所から座敷への往復も、暗いつぎの間を踏みこえていかなくてはならない。客のカバンやコートが隅に並べてあって、身が細るような緊張を強いられる。

青木正夫、岡俊江、鈴木義弘著『中廊下の住宅——明治大正昭和の暮らしを間取りに読む』（住まいの図書館出版局）によると、ながらく、まちがった学説がまかり通っていた。中廊下のある住宅は「建築家が海外から移入したもの」という説であって、高名な建築家が唱えて以来、久しく学説として語られ、いまなお社会学者が堂々と引用したりする。

記憶に残っているあの家、この家を思い出してみるのがいいかもしれない。幼いころの田舎の家、友だち一家が住んでいた社宅や官舎、都市住まいのいとこの家。それぞれの玄関と奥のつながり、居間や台所や客間との関係、とりわけ中廊下があるか、ないか。

学説のウソくささがわかってくる。あきらかに海外からの移入といった即成的パートではなかった。田舎の家には中廊下などなかったし、中間の小部屋が中廊下のような使い方がされていた家もある。タテに形だけ板間がのびた家。それが奥までとどき、さらに横にものびた家……。あきらかに即成のプランではなく、ゆるやかに変化しながら誕生した。客に南向きの部屋をそっくりあけ渡すことの不便さ。たまにくるだけの客が主人公で、日々暮らしている家族が居候である不合理さ、転倒ぶり。結婚式や葬儀や法事などの儀礼には便利であれ、それはほんのたまのことであって、家族には毎日の暮らしがある。その当事者が片ときも不便から逃れられないとは、どういうことか。

建築家三人による『中廊下の住宅』によれば、中廊下は「庶民が自ら生活上の矛盾を克服しながら試行錯誤の末につくりあげたもの」という。昭和初期の近代化の風潮は「モボ・モガ

（モダンボーイ・モダンガール）時代」と呼ばれたが、若い建築家たちが新しい住居づくりに取り組んだ。接客本位の家の不便さ・不合理さは痛感しても、住居が社会的な効用をおびている現実があり、そのなかでいかにすれば暮らしいい住まいができるか。

「一等当選案」

「入賞案」

「改良組合住宅標準設計」

それぞれに見取りが付されていて、簡明なコメントがほどこされている。それからわかるのだが、ゆっくりと便所や洗面所が移動し始める。茶の間が南面に移ってきて、台所の位置も変化した。そのヘソの役まわりを果たしていったのが中廊下である。「中廊下のある家」になって、はじめて家族が安住の場を見出した。

建築家によると、住まいの変化は、次のようなかたちをとって進行したという。

ステップ1　便所の異動

ステップ2のプロセス　タテ廊下発生の萌芽

ステップ2　タテ廊下の発生

ステップ3　ヨコ中廊下の発生　懸賞当選案

明敏な少女は、そんな住宅史のプロセスを、それとなく正確に感じとっていただろう。というのは中廊下を言う前に、向田邦子は「小学三年のお正月」のエピソードをはさんでいる。ふだんは友達の家へ遊びに行くなど厳禁の家だったが、その年の正月は、父の仕事関係の年始客でいっぱいで、外へ出してくれた。急にそう言われてもあてはなかったが、ふと級友の一人を思いついた。父親が「建築の請負」をしている大きな家で、中に通されて驚いた。

「築山のある広い庭を見下ろす中二階の、一番いい眺めのところに子供部屋がある」

畳には赤い絨毯、庭に面したところは一面のガラス。要するにその家の最良の部屋が家族と子どもたちにあてがわれている。客がわがもの顔に座敷とトイレを往き来してもいない。家族が茶の間で息を殺していることもない。

その級友の家から自宅までかなり距離があり、夕方には車で送ってあげるといわれたが、少女は早めにおいとまをした。

「運動会の駆けっこのように」、家へ向かって走りだした。つましい少女は息せき切って走りながら、級友の豪勢な住まいを認めつつも、中廊下のあるわが家に十分満足していたのではあるまいか。トイレのもどりに座敷とまちがえて納戸を開けるそそっかしい客もいるが、「格別用もないのに父が出てきて、お燗をしながらつまみ食いをしている私の頭をひとつ、コツンとやってまたお座敷へもどってゆく」そんな花道があるからだ。

子どもにしては目ざとい少女は、夜ふけにトイレへ立つこともあった。中廊下に餅を焼く匂いがする。茶の間をのぞくと、父は本をひろげ、母と祖母は縫い物をしている。食卓には湯呑み茶碗があるばかり。

餅はもとより、バナナや水蜜桃《すいみつとう》や西瓜《すいか》など、子どもには「食べると疫痢《えきり》になる」と禁じておきながら、親たちは子どもが寝たあとに食べていたらしい。そんなカラクリに感づいたのも中廊下ごしのこと。

向田邦子は省いているが、父によばれて叱られたのも、いつも座敷だったはずである。しおしおと部屋から出てくると、薄暗い中廊下に母親が心配そうに立っていた。

『父の詫び状』には、はじめて母親を香港旅行の飛行機に乗せた日のことが述べられている。母の乗った飛行機が、ゆっくりと滑走路で向きをかえていったとき、急に胸をしめつけられるような気持ちに襲われ、「どうか落ちないで」と祈らないではいられなかった。別のエッセイでは、ダイヤの指輪を墜落のときのそなえにしている人のこと。「因《ちな》みに、この時墜落した飛行機の乗客九十二人のうち、たった一人十七歳の少女が生き残った」

それから数年後、飛行機が墜落。向田邦子ほか、乗客は一人も帰らなかった。

深沢七郎

ギターとともに

写真のキャプションには、「ギターを弾く晩年の深沢七郎氏」とある。髪のうすい丸顔の人が、眼を伏せ、唇を引きしめ、暗譜で爪弾《つまび》いている感じ。「晩年」とあるだけでいつのことかわからないが、七十歳をこえてからは持病の心筋梗塞で、寝たり起きたりの日が少なくなかった。和服姿なのは、ふと床を出て、手近な着物をはおり、ギターを弾いてみたのかもしれない。

立派な顔である。「重厚な」と言いたいような貫禄をたたえ、ややつり上げた眉と鼻から口の流れが、ギターに没入した人の思いを伝えるかのようだ。昭和六十年（一九八五）、七十一歳ごろとすると、ラブミー農場を開いて二十年になる。キャプションにあるので深沢七郎《ふかざわしちろう》とわかるが、写真だけだと、とてもそうは思えない。農場の一方で焼きだんご屋を開いたりする、奇行で話題になる作家のイメージとはまるで逆の、静けさの沁《し》みとおった賢者のような姿なのだ。

年代を少しもどって昭和四十八年（一九七三）、日本コロムビアから「深沢七郎ギター独奏集／祖母の昔語り」が発表された。ジャケットには、ギターを膝にのせて正面を向いた上半身が大写しになっている。長い髪で、ちょっぴり顎ひげをはやしている。黒い背広に白い蝶ネクタイ。このとき五十九歳。唇をやや突き出すようにして若々しい。ジャケットには「伝説的ギタリスト深沢七郎の畢生の名演を世に残す待望のレコード」とあって、収録曲が掲げてある。紡ぎ唄、くちなしの花、夕焼、楢山節……。コンサートの曲ではなく、ひとりで爪弾いているときの曲ではなかろうか。

いずれにせよ、大写しで見る人は、まるきり他人としか思えない。『盆栽老人とその周辺』を書き下ろしで出した年でもあるが、盆栽老人の作者とジャケットの人物は、どうあっても結びつかない。長髪、顎ひげの伊達男が、どうして深沢七郎であり得ようか。

なおも年代をさかのぼって、昭和四十三年（一九六八）、このとき五十四歳。『深沢七郎選集全3巻』がまとまった記念に、故里山梨県の県民会館大ホールでギター・リサイタルを開いた。写真によると、金屏風の前で黒い礼服、うすめの髪をきちんと分けた人が演奏している。スペインのギタリストのようにも見える。リサイタルに合わせてポスターをつくったが、そこにはカラーシャツに綿パンのイキなおニイさんが、楽屋裏のようなところでギターをかかえている。埼玉県南埼玉郡菖蒲町《しょうぶまち》（現・久喜市）に農地を求め、ラブミー農場を開いて三年目。世間では麦藁帽子に作業服がおなじみの姿であって、それがどうして県民会館大ホールのスペイン・ギタリストであったり、小粋にギターをかかえたおニイさんであったりするだろう。

さらにもどって昭和三十一年（一九五六）、はじめて世に出した小説『楢山節考』が第一回中央公論新人賞を受賞し、出版記念のときの写真がある。関係者の挨拶のあと余興となり、深沢七郎の伴奏で歌手・伊藤久男が「楢山節」を歌った。写真にはマイクを前にしたプロの歌手と、うしろでパイプ椅子に腰をのせた伴奏者が見える。神妙な顔で伴奏している人が、選考委員の一人、三島由紀夫が「総身に水を浴びたような感じ」を受けた小説の作者と、どうして思えようか。

受賞が内定したとき、中央公論社編集部は作者に略歴を知らせてほしい旨を伝えた。選考委員ともども、柳田国男、折口信夫の民俗学を勉強した人物といった予測を立てていたところ、返事には、芸名、桃原青二、日劇ミュージックホールでギターを弾いているとあって、一同が当惑の顔を見合わせた。

その「日劇ミュージックホールにて」のキャプションつきの写真では、出番が終わり、ひと息ついたのだろう、演奏の姿勢のままギターに片手をのせ、タバコをくゆらしている。まだ緊張とメロディーの余韻のなかにいるかのような放心状態で、指にはさんだタバコが灰になっていくのに気づかない。弾き終わった直後の演奏者の虚脱と陶酔そのものの姿。それは「かやの木ぎんやん／ひきずり女／あねさんかぶりで／ねずみっ子抱いた」の「楢山節」の作詞・作曲者であろうはずがないだろう。

戦時中にさかのぼる。昭和十九年（一九四四）八月のギター・リサイタル。「鬼畜米英」が時の言葉になり、サイパン島玉砕、連合艦隊壊滅、特攻隊出撃、東南海地震。そんな時代相をいっさい黙殺するかのようにして、髪をオールバックにした青年が、うつ向いてギターを弾いている。新進ギタリスト深沢七郎は当時、もっとも活発に活動した音楽家であって、昭和十四年（一九三九）の第一回を皮きりに、五年間で計十七回のギター・リサイタルを催した。

最後にさらに十年ちかくさかのぼって、昭和六年（一九三一）三月の写真。瘦せぎすの少年が暗いところでギターを弾いている。旧制中学を出る寸前。うしろに自動車があるのは車庫に椅子をもちこんで練習していたのだろう。父の意向で、卒業すると奉公に出ることがきまっていた。どこも長続きせず、転々と職をかえる。そんな自分を、はやくも予期したように、怖れと不安の入りまじった顔つきだ。粗末なセーター、細い手首、どこか遠くを見つめたような顔。

深沢七郎がギターをもつとフシギが起こる。まるでちがった人間になる。おびえた少年、白皙の青年、みずから紡ぎ出した音に吞まれたような演奏家、あるいは深く自足した賢者。楽器ひとつが変わらないだけで、当人はめまぐるしく変身する。

とともにギターがあって、はじめて彼は深沢七郎その人になる。おびえた少年と世の賢者とが、いつもいっしょにいるような人間。おもしろおかしく取り沙汰する世間のおよそ知らない未知の人。ギターがこの人をいつも、生まれたばかりのような位置に引きもどすかのようだ。あきらかに深沢七郎にとってギターは単なる楽器ではなかった。はじめて心を開くことのできる唯一の友人であり、珍しい千夜一夜の語り手、と同時にひとり語りの辛抱強い聴き手。大いなる母親と高貴な恋人を兼ねたような役まわり。だからこそ膝と胸で抱いていると、いや応なく姿が変わる。

深沢七郎がギターを知ったのは、十三か十四のころだった。旧制中学の一年か二年のときで、甲府の楽器店に中古品がつるされていた。のちに小説の習作のなかで、「今でもよく思い出します、あの頃を」と断って述べている。甲府の仲見世に「千鳥」という楽器屋があって、その店に中古のギターが飾られていた。まずその「美しさ」に魅せられた。「あの美しい形の楽器はどんな音がするのだろう?」(「二つの主題」)

四度も五度も甲府へ出かけては楽器をながめていた。どうしてこの世に、こんなに美しいものがあるのか。値段についてもよく覚えていて、十四円五十銭。大正末年のころで、子供が小づかいで買えるしろものではない。父親にせがんだが、なかなか買ってもらえなかった。「自伝ところどころ」で幼いころの自分について、「何ごとにも飽きっぽくて、すぐにやめてしまう」と述べており、父親もすぐ飽きて放り出すと思ったのだろう。いっときの遊び道具にしては値が高すぎる。

親子間でどんなやりとりがあったのかわからないが、ようよう買ってもらった。店の主人は少し割り引いて、独習本をおまけにつけてくれた。

父親の予想とはちがって、少年はギターには飽きなかった。中学生が弾きはじめたころ、ギターそのものが、まだ珍しい楽器だった。甲府ではどうだったかわからないが、生地の石和《いさわ》では、習うにも指導してくれる人がいない。独習本をたよりに、ひたすら練習した。家は印刷業をしていた。深沢印刷は小さな町では、それなりに知られた会社で、何人かの印刷工をかかえ、車庫には車があり、家には女中がいた。近所の人は坊っちゃんの道楽くらいに見ていたかもしれない。深沢七郎は土地言葉をまじえて、まわりの反響を語っている。

「なんちゅうもんでごいすか、こりぁー?」

問うだけではない。きまってつづいて「いい音《ね》のもんでごいすねえ」「弾いておくんなさい」とくる。二階で弾いていると、通りの軒下に人が佇んで聞いている。老人たちもまじっている。弾くのに飽いて遊びに出ようとすると、「まっと、ひいておくんなっし」と催促される。そんなときの用心に、車庫で弾いていたのかもしれない。

人にたのまれて、よその家へ弾きにいくこともあった。中学生は弾きながら観察していた。呼んだ人は自分よりも「家の者だち」に聞かせたいらしい。ギターの音色によって家族に伝えたいことがあるらしいが、それが何か、当人にもわかっていない。少年にもわからなかった。

正確にいうと、山梨県東八代郡石和町(現・笛吹市石和町)の生まれ。戸籍では大正三年(一九一四)一月二十九日の生まれとなっているが、実際はそうではないだろうという。実際は四月の何日からしいのだが、どの家も四月や五月生まれの子は、三月以前の生まれにして届けた。

小学校入学は三月が区切りなので、四月生まれだと一ヵ月の違いで入学が一年遅れる。「むだめしを食わせる」ことになるので、三月以前にくり上げた。

そんな実際的な土地柄にあって、実利万能の人となりの底にある何か不可解なもの、根源的なバイタリティに寄り添った、自分でも意のままにならない衝動。ギター自体がまさにそうではないか。

「ギターを弾くことは病むことと同じだと私は思う。どう抵抗しても弾くことはやめられない。それは、病気にかかったと同じ状態のようだ。肉体の病気は苦痛を伴うが楽しい衝動もまた平常ではないと思う」（「私とギター」）

「二つの主題」は「新発見　深沢七郎未発表小説」として、平成二十一年（二〇〇九）、文芸誌『新潮』に発表されたもので、タイトルに「遁走曲《フーガ》」と添え書きされていた。フーガの技法をめざしたものらしい。解説をつけた深沢七郎研究者によると、「現存する最初の原稿」にちがいなく、原稿の終わりちかくに母が亡くなった日の記述があって、昭和二十五年（一九五〇）ごろに書き上げたと思われる。とするとジミー・川上の芸名で、旅廻りのバンドに加わっていたり、闇屋などをしながら各地を転々としていたころの作である。

「自伝ところどころ」によると、最初に書いたのは「アレグロ」という題の小説で、音楽でいうアレグロは速さだけでなく音の質も告げる言葉だが、つまり、そういう鋭角的な音を思わす小説を書きたかった。

「書いてみただけで、すぐ破ってしまった」

つづいて「二つの主題」のことが出てくる。「還暦號」という銘のあるギターに魅せられた男のひとり語りで、貧乏なので、どうしても買えない。金銭と愛情の二つの主題をもった「ツマラナイ小説」だったという。破ってしまったとは書いていないから、「現存する最初の原稿」ということになる。そのころの試みを要約するように述べている。

「音楽の『ロンド』とか『フーガ』とか『変奏曲』のような型を小説の構成に使いたいのが小説を書きたい一番の魅力だが、どれもうまく出来上がらなかった」

新人賞受賞後に発表した「三つのエチュード」は、タイトルからも音楽が先にあってできたのだろう。そのなかの一つ、「魔法使いのスケルツオ」は、ギターの楽譜にはさんでいたのが見つかった。ギターが手引きして文字が引きずられたことがうかがえる。文芸用語をひとことも使わずに深沢七郎が述べようとしていることは、一九五〇年代にフランスの若手作家たちが「ヌーヴォー・ロマン」として論じたテーマではなかろうか。音楽性の強い、ストーリーに拘束されない小説であって、そこでは難解な文芸用語がとびかった。

ほぼ同じことを旅廻りのバンドのメンバーをしながら深沢七郎は考えていた。考えるだけでなく、実際に書いてみた。「狂鬼茄子」「地獄太夫」「白笑」など、悲しく、おかしい小説だった。「みんなツマラナイ小説」として処分した。

「ロカビリーが流行するようになってびっくりした」

マンボ、ウエスタンに目をみはった。二、三分の小品でよく、瞬間的に強烈な音をつくり出せばいい。深沢流にいえば、「自分だけの勝手な、ゴキゲンになりさえすればいい方法」。耳で聞いて頭で考えるのでなく、身体で発して身体で受ける。そんな演奏方法である。ハッと思いあたることがあったのだろう。

「私はマンボやロカビリーやウエスタンのような小説を書きたくなった」

『楢山節考』には「楢山節」の唄のなかに「ろッこンろッこンナ」の出だしをもった楽譜もついていて、指示はされていないが、マンボ調でもよかっただろう。『楢山節考』は中篇にあたる長さをもっているが、つねに唄が狂言まわしの役目になっている。選考委員には不可解な楽譜だったが、作者自身は「マンボやロカビリーやウエスタン」を弾き語りしたぐあいだったにちがいない。

習作「二つの主題」では、はじめてギターを手にした少年が、憑《つ》かれたように弾くようになり、やがて「還暦號」という楽器に魅了される。

「その頃はまだ十五の時でした」

奇を好む性質から難曲に挑むようになり、奉公で東京に出るやいなや、少年は本格的なクラシックギターのレッスンを受け始める。住み込み奉公はどこも一ヵ月ともたなかったが、ギターの練習は間断なくつづけていた。ギターを習うためだけに中野のアパートで自炊していたこともある。深い思いをこめてだろう、十代の少年は標札を掲げるようにして三人の名前を並記した。

ギターの師　四亀清子
〃　小倉　俊
〃　横山志智子（佐藤と改姓）

昭和十四年（一九三九）に第一回ギター・リサイタルを開いたことは先に触れた。念のため、そのときのプログラムを掲げておく。

1　舟　唄　メンデルスゾーン
2　無言歌　メンデルスゾーン
3　古代日本の旋法による前奏曲　箜篌《くご》　小栗孝之
4　グラナダ　アルベニス

5　カヂス　アルベニス

6　アルハンブラの想い出　ターレガ

7　セビーリャ　アルベニス

二十五歳の新進ギタリストは、多少とも欲ばった選曲をした。現在のプロが膝を打つようなみごとなプログラムにちがいない。「アルハンブラの想い出」や「セビーリャ」は、現代でこそギター曲の古典だが、当時これを選ぶのは、少なからず勇気のいることだったのではあるまいか。小栗孝之はもっとも心を許した親友で、深沢七郎は精神的に大きな影響を受けた。無二の親友は五年後、レイテ島で戦死した。

最初のリサイタルでは、曲目のほかに楽器そのものが破天荒の新しさをもっていた。深沢七郎はこのとき、旧来の絃に代えてナイロン絃を用いて弾いた。プロからは初心者用の安物とみなされていたしろものである。深沢七郎は日本ではじめて、公開の演奏会でナイロン絃を使用したギタリストだった。だからといって、べつに意表をついたというのではない。中学生は何度も絃を切らして小づかいに苦慮した。ナイロン絃は安くて強いし、それに音質でも少しも劣らないこともよく知っていた。それを用いて、どうしていけないことがあろう？

「私の中学の頃や、その後のブラブラした生活はそんな日で過ぎたのだった。そうして、ずーっと、私は遊んで日を過ごしたのだ」

新人賞でデビューするまでを、こんなぐあいに、いかにも深沢流儀で述べている。ただしギターは別ものだった。人前で難曲を弾くために血のにじむような努力をしたはずだが、それはことさら語るまでもないし、語らなくてもいいことだった。

稲垣足穂

飛ぶ機械

稲垣足穂《いながきたるほ》の父親忠蔵は大阪・船場で知られた歯科医だった。「ハイカラ紳士」としても有名で、いつも洋服でとおし、和服姿を見せたことがなかったという。そんな人にとって親がつけた「忠蔵」は気乗りのしない名前だっただろうが、こればかりはどうしようもない。かわりに息子には「足穂」などと明治期にはまずもって二つとないモダンな名前をつけた。のちの作家稲垣足穂は、生まれながらにしてモダニストを運命づけられていたかのようなのだ。

明治三十三年（一九〇〇）の生まれ。33・1900とあって、すこぶる明快でキリがいい。もっとも足穂当人に言わせると、生年が意味深いのはそんな数字の偶然ではなく、「マックス＝プランクが〝h〟を発表して、世界線の不連続性について注意を促した」（「美のはかなさ」）年だったことによる。「僕の生まれる三週間ほど前」だったそうだ。

船場は当時、その名のとおり川船の町で、電車ではなく巡航船が往きかいしていた。足穂少年が最初になじんだ乗り物はヒコーキではなくポンポン蒸気で、ドーナツ形の煙りを吐きながら細い水路を進んでいく船だった。

事情あって七歳のとき、祖父母の住む兵庫県明石《あかし》に移った。祖父も歯科医だった。以後、十代の大半を海峡に面した町で過ごした。明石市は東経135度の線上にあって、「子午線のまち」をうたっている。高台にある天文科学館の大時計が、日本標準時間を刻んでいる。少年はそれと知らず、ひときわ自分にふさわしい町にいた。

明石に移ってからだが、祖父にせがみ東京・時事新報社発行の雑誌『少年』を月ぎめでとってもらった。そこには毎号のように「世界航空界の驚異！」が報告されていた。足穂少年は舐めるように熟読して、ファルマンやカーチス、グラハムホワイトといった初期飛行家たちの名前を「九九を覚えるように」して覚えてしまった。

おもえば稲垣足穂が少年時代を送った一九〇〇年代はじめは、まさしく「飛ぶ機械」の黎明期だった。ドイツのツェッペリン伯爵が一九〇〇年に硬式飛行船を完成した。アルミ製の骨組に麻布と絹で葉巻形の球体をつくり、水素ガスを詰めて浮上させる。「ツエッペリン第1号」と名づけられた巨大な「浮かぶ船」が、南ドイツのボーデン湖上をゆっくりと一周した。

これは世界的なニュースになったが、もう一つの飛行記録は当事者しか知らなかった。アメリカ・デイトンの自転車製造業ライト兄弟が、最初の試作品をノースカロライナ州の海岸で飛ばした。今でいうグライダーで、機体と風、浮力との関係を試験するためだった。

三年後にライト兄弟は「人工の翼」を完成。ガソリン燃料とプロペラで飛んだ。滞空時間五十九秒、飛行距離二六〇メートルと記録にある。ライト兄弟は飛行実験を秘密にして、立会人以外には公開しなかった。のちに判明したところによると、複葉式で補助翼をもち、前方に昇降舵と方向舵をそなえていた。ともに三段切り替え式で、上昇・下降・旋回ができる。エンジンは四気筒十二馬力。地上から飛び立つという最大の難問に対しては、ソリに似たレール上をすべらせた。

秘密にしていたにせよ、飛行成功はヨーロッパにも伝わっていた。ただ補助翼やレールによる始動については知る由もない。フランスの自動車ランプ製造業ルイ・ブレリオは、二年遅れの一九〇五年、エンジンをとりつけた複葉式を完成。滑走には曳船を採用してセーヌ河を走らせて上昇を企てたが、実験は失敗に終わった。

一九〇八年、同じフランス人アンリ・ファルマンが野外飛行に成功。いっぽうブレリオも改良をかさねて「ブレリオ式単葉機」で十四キロを飛行した。両者とも飛び立ちと着陸に車輪を用いた。これに刺激されたのだろう。同年、ライト兄弟の兄がアメリカで、弟がフランスで公開飛行をした。二十五馬力エンジンを搭載して、飛行距離、飛行時間のレコードをつくったが、記録はすぐさま塗りかえられていく。

まさに明石のヒコーキ少年が少年雑誌を、食い入るように見つめていたころである。一九〇九年、ルイ・ブレリオは自分のブレリオ式に二十五馬力のエンジンを装備して、カレー南方の村から飛び立ち、ドーバー海峡を横断、帰路も飛行してフランス側に着陸した。

翌一〇年、イギリスの「デイリー・メイル」紙がロンドン＝マンチェスター間飛行レースを発表。イギリス人ポールハンがファルマン式飛行機により四時間十二分で優勝。賞金一万ポンドを獲得した。フランス人ジャーヴエがブレリオ式単葉機でアルプス越えを敢行したのも、この年のことである。二二〇〇メートルの高度で峰を越えたが、着陸に失敗して墜落死した。

一九一〇年は明治四十三年にあたるが、フランス帰りの徳川好敏《よしとし》大尉がアンリ・ファルマン号を駆使して代々木練兵場の上空を飛んだ。日本最初の飛行とされている。やや遅れてドイツ帰りの日野熊蔵大尉がグラーデ式単葉機に乗って同じ練兵場を旋回した。

一九一一年五月、フランス人ベドリーヌがパリ＝マドリード間の飛行に成功。

同年六月、ドイツ人ケーニヒがアルバトロス式単葉機でドイツ一周成功。

同年八月、フランス人ボーモンがブレリオ式単葉機でヨーロッパ一周。

同年九月、アメリカ人ロジャースがライト式複葉機でアメリカ大陸横断に出発。

世界を風靡した飛行機熱が、日進月歩の技術的進展をとげていたことが見てとれる。

日本では同じ一一年、マースというアメリカの飛行家がカーチス式を操縦して大阪上空を飛んだ。関西での初飛行である。このとき十一歳だった足穂少年は記憶に刻み込んで、終生忘れなかった。翌年の六月、神戸と明石の境にある須磨天神浜でアメリカ人飛行家アトウォーターが水上飛行を行い、少年は涙が出るほど感動した。「十二、三歳の頃からは飛行機で死ぬことが理想であった」（「東京遁走曲」）

一九一三年、フランス人飛行家ペグーが初めて「宙返り」に成功。曲芸飛行の始まりである。操縦士が肩からバンドを掛ける習慣もこのときに始まった。

同年四月、武石浩玻《こうは》がアメリカ留学から帰国。朝日新聞主催のもとに兵庫県鳴尾競馬場で飛行大会を開いた。武石みずから鳴尾を飛び立ち、大阪上空を飛行、城東練兵場に着陸した。つづいて京都へ向かい、深草練兵場に降りようとしたとき、操縦をあやまって急角度で突っこみ、機体は大破、武石は死んだ。

新帰朝の飛行家の愛機は「白鳩号」といった。稲垣足穂は十二年後に発表した「白鳩の記」に、武石墜落のこと、またその後の機体をめぐり、くわしく述べている。

「りんりんりんと号外の鈴音が聞こえてきた時、わたしは茶の間で母と向い合って坐っていましたが……」

第一報は「飛行機乗《のり》が墜落して大怪我」の号外だった。第二報で「遂に絶命」が伝えられた。たてつづけに号外が出たことからも、当時の飛行機が大きなニュースソースだったことがうかがわれる。

その夏、大阪・天王寺公園で催された全国発明品博覧会に武石飛行記念館がつくられた。十二歳の少年は飛行機の残骸を一つ一つたしかめていった。「中心部から一尺ほど残してはじけているプロペラー」「引き裂かれた、しかしまだ新しいゴムの香がしている翼布」「へし折れた、けれども外国の木の匂いがしている黄いろいニス塗の支柱」といったぐあいだ。少年の好奇心以上に、多少とも事故を検分する専門家の目つきを思わせる。

だからこそ、彼には合点がいかない。どれもすべて玩具のようで、これらを結合すると、本当に「あのもの」になるのだろうか？ 真白に咲き乱れた競馬場のクローバーの朝露を蹴って舞い上がり、高く高く飛んでいったあの「飛ぶ機械」に？ ゆがんだ座席や、砕けた黄いろいハンドルの環は残っているのに、その座席に鳥打帽を逆さにかむり腰かけて、ハンドルを握っていた人がいないのはどうしてか？ 肖像と写真と飛行機の命名書とポケット型万国飛行免状が並べてあって、血に染まった茶色の革服もスコッチ地の鳥打帽もあるのに、機械のそばで微笑を洩らしていた人は、もうどこにもいない。つぎのくだりは、いかにも幼い者の感覚というものだろう。

「そんな驚天動地があったにも拘らず、大空はどうして何事もなかったかのように、大きく、明るく、素知らぬ顔をしているのであろうか……」

少年は合点がいかないまま、学用品の雑記帳のページの隅に「一枚ずつ位置が変る飛行機の絵」を描いていった。当人は知らなかったが、今でいうアニメの手法であって、指先ではぐっていくと飛行機が動き出す。やがて勇ましく大空へ昇っていくかもしれない。そうやって白鳩号と、上空から地上を見下ろしている飛行家の気持ちを偲ぼうとしたらしい。

初期の飛行家たちを悩ませたのは平衡の原理だった。気圧、重心、推進、抵抗、この四つの力が一致する一点を虚空で生み出していかねばならない。どれかがミリ単位で狂っても、即座にバランスが失調する。しかも四力の一致は静止のなかではなく、たえまのない動きのなかで実現しなくてはならなかった。

稲垣足穂の「ヒコーキ時代」は理論と実践の二期に分かれる。大正三年(一九一四)、神戸の関西学院に通いはじめてからのことだが、二歳年長のヒコーキ仲間と『飛行画報』という雑誌を発行。上級にすすんでからは講演部の委員長をつとめ、自分でも「空の美と芸術に就いて」と題して講演をした。

黎明期の飛行機は厄介な問題をかかえていた。燃えやすい木や布で作った機体に、高熱を発するエンジンを搭載しなくてはならない。ラジエーターが登場するまで、しばしば飛行機は飛行中に火を発して、火炎につつまれて落下した。

「あれは何をするものかしら?」(「放熱器」)

はじめてラジエーターと対面したとき、少年は目を丸くして見つめていた。「蜜蜂の巣」のように穴だらけであって、発動機の塵除《ちりよ》けかと考えた。やがて過熱をふせぐため、二重にしたシリンダーの壁に、たえず水を循環させる装置だとわかった。カーチス式模型飛行機を作ったとき、「蜜蜂の巣」は長方形の木片にワニスを塗って代用した。

「飛行家は常に上下動や、宙返りや、インメルマン、トンノー、ピック、ブリル、などに代表されるあらゆる空間の複雑な運動に対して鋭敏な感覚力を養いつつあるのである」

関西学院中等部のときの「空の美と芸術に就いて」では、模型飛行機を卒業して、すでにインメルマンやトンノーといった飛行家用語をマスターしていた。中学生は飛行の原理を支えている揚力が、飛行船と飛行機ではまるきりちがうことも知っていた。飛行船の場合、水素ガス、空気、機体、乗組員などの重量を計算して、揚力がほぼ正確に算定できるのに対して、飛行機ではそれができない。

初期飛行家たちはさしあたり、鳥の羽ばたきを機械力で模倣しようとした。「オルニトプターの原理」と呼ばれるものによると、空気を斜め後方に強く押して、その反動で前進し、上に浮かぼうとする。鳥の羽ばたきに代わるものが動力機と補助翼であって、飛行機を支える翼の揚力と、進行を阻害する抵抗を、どうやって調整するか。揚力が大で、かつ抵抗が平均的に小となる仰角をどのように実現するか。

中学生はこの「科学的で冒険的な機械」こそ、二十世紀のめざすべき芸術と考えた。だからこそ「空の美と芸術に就いて」のタイトルにしたのだろう。空中の芸術家が「ときとして五官にはかんぜられぬ神秘なあるものに対する感覚、すなわち第六官と名づくべき働き」を知覚したとしても、少しも不思議はないのである——。

佐藤春夫の序文つきで稲垣足穂『一千一秒物語』が世に出たのは大正十二年（一九二三）である。ときに足穂二十三歳。二年後、第二創作集『鼻眼鏡』を新進作家叢書の一冊として刊行。およそ風変わりな新進作家の登場だった。ともに印象主義風の小品集で、日常的なささやかなシーンと、シュールな出来事とが結びつけてある。「月から出た人」「星をひろった話」「月とシガレット」「A PUZZLE」「月光鬼語」……。いずれもたかだか二十行か三十行の短さで、月光が一瞬さし落ちると、それ自体は何げない情景が、より鮮明に、より謎めいて見えるのと似ている。「星を食べた話」「彗星を取りに行った話」といったぐあいで、語られるのは人よりも星が多い。

「月光密造者」では、ある夜ふけ、露台で何人かの男たちが機械を廻していた。「月の光で酒を醸造する連中」らしい。ピストルで威嚇すると、いっせいにいなくなって、あとにびんが一つ残されていた。振っているとコルクが抜けて、おびただしい蒸気が立ち昇った。「自分はびんの中に何もなくなってしまうまで見つめていたが　それッきりであった　ただ月が平常よりほんの少うし青かった」

句読点を省いており、その点でもひそかな効果を意図してのことだろうが、文壇人には「いたずら」を仕組んだとしか思えない。愚にもつかぬ思いつきのオモチャ箱とみなしたのではあるまいか。

作者にはタイトルの「一千一秒物語」に意味があった。一秒に託してこそ独自の方法で夢見ることができる。一瞬ごとの平衡から成り立った夢想の飛行というものだ。

『鼻眼鏡』には『星を売る店』、さらに昭和二年（一九二七）、『第三半球物語』が引きつづいた。「第三半球」といった空間的名称が「一千一秒」の時間とつながることは言うまでもない。新刊を芥川龍之介に送ったところ、「此国では君のような文学にはきわめて冷淡です。しかし書けるうちにどしどし書いて下さい。僕などはもう第三半球の方から見離された形です」。そんな細いペン字の返事がきた。四月中旬のことで、田端の芥川龍之介を訪ねると、春の盛りだというのに炬燵に入っていて、歯並みがボロボロで茄子色だった。

『『君とはもっと夙く逢っている筈であった』これが私への最初の言葉である』（「随筆キタ・マキニカリス」）

三ヵ月後の七月、芥川は自殺した。

「キタ・マキニカリス」を伊藤整は『機械生活』と訳しているが、「私の気分の上から云えば、ある新聞人がつけてくれた『玩具箱』の方が当っている」

要するに人の世でありながら、自分の夢がただ「宇宙博覧会の機械館」の上でのみ演じられてきたといった意味らしい。飛行機という新奇の空間メディアが生み出した見方であって、地上の引力から解放され、空中に浮遊する一点の獲得をめざしている。上昇するにつれて高まる解放感こそ、この世界の主人公にのみ許されたカタルシスである。四辺は澄み返り、地平線が果てしなくひろがっていく。彼はいまや天地に浮かんだ一個の物体にほかならない。太陽が沈みはじめ、みるまにすべてが影に覆われていく。好むならば彼は二度の日没を目にするだろう。

ヒコーキ少年が身につけたパノラマ的視覚は、かりに言い換えると、円形の壁面と半円の屋根から成る一個の密閉された箱のようなものだろうか。つまりは一つの球体にひとしく、光を均等に降らせるために半円の天井にはガラスの星がちりばめてある。タルホ・パノラマ館はそれ自体が一つの小宇宙であって、時間に応じて天井の星界を変化させると、月が動き、星たちもまた移動する。

この世と絶縁したような風狂作家の回想記によると、戦争が始まったころから昭和二十五年(一九五〇)に京都へ引っ越すまで、貧乏暮らしをきわめ、「足掛十四年間、夜具なしの日々であった」(「ユメと戦争」)。

このパノラマ館主人には、身を置くためのなけなしの空間がありさえすればよかった。夜ともなると、そこにはきらびやかな星界がしずしずと降りてくる。天蓋に散らばった無数の漏斗《ろうと》状の穴から光が挿しこみ、その下で時の経過を数えていれば、何十年であろうと夢の一秒とさも似ていた。

林芙美子

貧の愛でし子

「オイチニイの薬売り」とよばれていた。アコーディオンを鳴らしながら、「オイチニイ、オイチニイ」と大声を出して通りを歩いていく。いで立ちも変わっていて、頭には軍人帽、胸に黄色い筋のついた憲兵の制服とそっくりの服。当然、めだつわけで、人が足をとめる。子供がついてくる。人の輪ができたところで、やおら商売にとりかかる。

「ええ――ご当地へ参りましたのは初めてでござりますが……」

口上の出だしは、そのときどきで変更したのだろう。「初めて」が「毎度おなじみ」になったり、「皆さまにごひいき」と変わったり。だが、つづくくだりは、いつも同じ。

「当商会はビンツケをもって蟇の膏薬かなんぞのようなまやかしものはお売り致しませぬ。ええ――おそれおおくも、××宮様お買い上げの光栄を有しますところの、当商会の薬品は、そこにもある、ここにもあると云う風なものとは違いまして……」

胎毒下し、貝殻入り目薬、打ち身膏薬。手ずれのした黒い鞄から、つぎつぎにとり出してくる。

「ええ――子宮、血の道には、このオイチニイの薬ほど効くものはござりませぬ」

林《はやし》芙美子《ふみこ》の事実上のデビュー作「風琴と魚の町」に出てくる。語り手は十四歳の少女。父親、母親ともども三人で、ほとんど身一つの旅をしてきた。たまたま降りたのが、海沿いの細長い「魚の町」。祭礼でもあるらしく、軒ごとに日の丸の旗がひるがえっている。

「ほんとに、綺麗な町じゃ、まだ陽が高いけに、降りて弁当の代でも稼ぎまっせ」

女房にうながされて、父親がオイチニイの稼業にとりかかる。発表は昭和六年（一九三一）だが、書いたのはその五年前であって、元号が大正から昭和にかわった一九二六年のこと。林芙美子はこのとき二十三歳だった。

実際の舞台は広島県尾道市。林芙美子の年譜とひきくらべるとわかるが、ほぼ自分の体験にもとづいている。十三歳のとき、両親とともに尾道へやってきた。赤貧洗うような生活だったが、十代のおおかたをこの町で過ごした。あちこち転々として、ほとんど故郷というものをもたなかったが、そのなかにあって「風琴と魚の町」は林芙美子の心の故里になった。

ふつう風琴はオルガンのことで、アコーディオンは「手風琴」といった。ここにいう風琴はアコーディオンのことである。

「父の風琴は、おそろしく古風で、大きくて、肩に掛けられるべく、皮のベルトがついていた」

借り物、あるいは古物を買ったのかもしれないが、たぶん自前のもので、ながらくアコーディオンで流して歩くような商売をしてきたのだろう。蛇腹のところが絵入りのタイプがあったが、その手のものだったかもしれない。使いこんだせいで、鍵盤がタバコのみの指先のように茶色っぽく変色している。

オイチニイの薬売りが黒いカバンからとり出すのは、現在では「医薬部外品」といわれるものではなかろうか。クスリではあるが、より正確にいうと、クスリのようなもの。当局に認可されて医薬品番号を付されたものではなく、一般商品として作られ、効き目半分、イメージ半分で売りさばく。

だから売り手は、宣伝に工夫をこらし、キャッチコピーに苦労した。同じ大正末年から昭和初期に出まわって人気のあったほかの商品の例でいうと、たとえば、こんなぐあいだ。

「冷え込みの心配にさようなら」

冷え性用のミヤコパンツであって、言葉のお守りとともに身につける。

「十年の悩みを僅かな時日で――しつこい淋病に、ネオゴノン」

大人の雑誌には、この手の広告がいろいろと出ていた。「バイアグラ」はいつの時代にも意匠を替えてあらわれるものだが、そのキャッチコピーの一つは次のとおり。

「あゝ言外の幸福感――生殖機能栄養剤、朝と夕べのトッカピン」

オイチニイの薬売りが軍人帽に憲兵服というトッピなスタイルで売り歩いたのは、森下仁丹《じんたん》をヒントにしたのかもしれない。ながらく、新聞や雑誌の片すみに、おなじみの広告が出ていた。ものものしい大礼服に、ピンとひげをはやした男の顔で、下に「仁丹」とある。ただそれだけ。宣伝部の苦心作だろう。宣伝効果をよくこころえた、みごとなデザイン性をもっていた。

仁丹自体が不思議なクスリである。いまも愛用している人が少なくないようだが、銀色の粒状をしていて、その一つは小さな紙の函に入っていた。函には小穴があいていて、振るとそこから粒が出てくる。乗り物酔いや吐き気に効く。動悸や血の道にもいい。少なくとも、そんなふうにいわれてきた。学校で旅行をするとき、きっと一人か二人、船やバスに酔った。蒼白い顔をしてグッタリしている。すると先生はポケットから仁丹をとり出してきて、口に含ませた。

イルミネーションで広告した時代もあったらしい。大礼服にひげの男がイルミネーションの点滅につれて、あらわれたり消えたりする。澁澤龍彥の自伝的エッセイ『狐のだんぶくろ』によると、昭和十年代のこと、上野池之端に仁丹塔があった。好奇心の強い少年は飽かずイルミネーションをながめていて、そのうち点滅の順序を覚えてしまった。

ちなみに大阪の森下仁丹が大々的な広告にのり出したのは、大正六年(一九一七)のことである。大都市のめだつところに次々と高い塔を立て、ネオンサインやイルミネーションでトレードマークの顔を浮かばせた。そんなハデな電気利用の屋外広告を採用したのは、おりしも電気料金が値下がりをつづけていたからであって、電力の主体が火力から水力にきりかわり、供給量が大幅にのびたのに需要はさしてかわらない。電気会社は供給過剰に悩んでいた。抜け目のない大阪商人は、そこから電気利用を思いついたのだろう。ただのような電気代で、大礼服のイメージ男を人々の記憶に刻み込んだ。

オイチニイの薬売りは、富山の薬売りのハイカラ版というのにあたるのではあるまいか。富山の薬売りは鳥打帽に和服、柳ごうりに薬をつめて風呂敷でしょっていた。そんな伝統的な商人スタイルに対して、こちらはいかめしい軍人スタイルである。黒い鞄もまた元締めの商会が用意したものにちがいない。クスリの揃いをセットにしてつめてある。この点では富山の薬売りと同じで、そのため売上を勘定するときは、おのずと旧来とそっくりのしぐさになった。

「父は、豆手帳の背中から鉛筆を抜いて、薬箱の中と照し合せていた」

「風琴と魚の町」の執筆以前、林芙美子は詩人だった。『放浪記』に見るとおりの詩を書いていた。小説にとりかかって、大いにとまどったらしい。詩であれば十行で書き尽くせることを、小説では「湯をのばすようにして」述べていかなくてはならない。まだるっこしく、苦痛でならなかったという。

「湯をのばすように」といった暮らしの匂いの強い言い方は、いかにも生活者・林芙美子らしいだろう。このうえない貧しさのなかで成長した。小説の語り手は十代の小娘であるとともに、貧乏で鍛えられた、したたかな女でもある。

「小便《こよう》がしたか」

「かまうこたなか、そこへせいよ」

母に言われ、大またひらいて小便しながら、股間に顔を寄せ、ほとばしる小水のかなたに空と船が逆さまに見えるのをたのしんでいた。「霧を散らした尿《いばり》」がキラキラ光りながら桟橋をぬらしていく。

「私は学校へ行くふりをして学校の裏の山へ行った。ネルの着物を通して山肌がくんくん匂っている。雨が降って来ると、風呂敷で頭をおおうて、松《まつ》の幹に凭れて遊んだ」

天気のよい日に、男と女がいそいそと裏山へ登ってくるのは「恥ずかしい事」をするためであることを、すでによく知っていた。

少女には、好きな男の子がいた。魚屋のせがれだった。ある日、その魚屋の町を通ったら、その子が声をかけてきた。

「魚が、こぎゃん、えっと、えっと、釣《つ》れたんどう、一尾《び》やろうか、何がええんな」

「ちぬご」

「ちぬごか、あぎゃんもんがええんか」

「ちぬご」はクロダイのこと。男の子はそれを新聞紙に包んでくれた。つづくやりとり。

「何枚着とるんな」

「着物か?」

「うん」

「ぬくいけん何枚も着とらん」

「どら、衿を数えてみてやろ」

男の子は「腥《なまぐさ》い手」をのばして衿を数えた。数え終わると「皮剥ぎ」という魚を指さした。

「これも、えっとやろか」

「魚、わしゃ、何でも好きじゃんで」

「魚屋はええど、魚ばァ食える」

男の子は、いつか、自分の船で釣りにつれていってやると言った。それを聞いて、「私は胸に血がこみあげて来るように息苦しさを感じた」というが、林芙美子は詩人の流儀で風変わりな愛の告白をまじりこませた。


「風琴と魚の町」が書かれた前後のことだが、芥川龍之介が睡眠薬ヴェロナァルで自殺した。ほかにもノイロナァル、アダリン、ヌマアル――さまざまな同種のクスリが出廻っていた。「今日はアダリン、明日はヴェロナァル」そんなキャッチコピーが残っているから、クスリであって、同時に身につけるアクセサリーのような使い方をしたと思われる。「風琴と魚の町」が『改造』に発表されたのと同じ年、尾崎翠の「第七官界彷徨」が『文学党員』という雑誌にのつた。彼女がミグレニン常用による幻覚のため、故郷の鳥取につれもどされるのは、それからまもなくのことである。

ついでながら尾崎翠が、その三年前に『婦人公論』に発表した「山村氏の鼻」には、仁丹がキーワードに使われている。丸の内の大手企業に勤める新進技師で、長身、ハンサムな山村氏が、相当の自信をもって抱きしめたとき、案に相違して相手の女性は、山村氏を突き放して逃げ出した。作者はオチをつけるようにして、手抜かりのうっかりミスを述べている。

「山村氏は胃弱のために異常な口臭を持っているので、女に接吻するのは必ず仁丹を嚙んだ後に限る、という秘密な《ママ》戒律を持っていたのである」

二人の才気あふれた女性が、それぞれの流儀で、あざやかに時代をえがいた。一方のヴェロナァルやアダリンやミグレニンに対して、他方は胎毒下しや貝殻入り目薬や血の道の薬。それらを高ビシャな口上つきで売り歩く。往来を商いの場とするおなじみの物売りであって、豆腐屋、納豆屋、蜆《しじみ》売りなどの親戚筋だが、地域に密着した旧来の商売ではないのである。新規のセールスマンは視聴覚イメージを元手にして不特定多数の中で売り歩く。旧来の行商人は、定まった抑揚と売り声とともに一定のコースをまわっていればよかった。その声や調子で年期がわかり、商売の信用度まで判定できた。これに対して新しく登場してきた行商スタイルは、ことといって定まったエリアをもたないのだ。人が集まり、また散っていくところでありさえすればいい。とりとめのない買い手に、言葉巧みにイメージ商品を売りつけて、それでおさらば。

「誰の紹介であったか、父は、どれでも一瓶拾銭の化粧水を仕入れて来た」

青い瓶、赤い瓶、黄色い瓶、みな美しい。クスリが体の内部へはたらきかけるとすると、化粧品は体の外まわりの担当である。そんな理屈で商売替えをした。

一瓶つければ桜色
二瓶つければ雪の肌
諸君！　買い給え
買わなきゃ炭団《たどん》となるばかし

きれいな三色の瓶には、ライラックの花模様がついている。どれも一瓶十銭。その安値、また瓶を振ると底から「うどん粉のような雲」が舞い上がることからも、品質の程度が知れるというものだ。

二十三歳の林芙美子は時代の変化を正確に見てとっていた。だからこそ、半身は旧の行商人、半身は新しいセールス稼業、そんなしがない薬売りの表情、しぐさから息づかいまで感じとれるように書きとめた。まさしくそれが、多少とも道化じみた姿にせよ、まぎれもない時代のメッセンジャーだったからである。これだけあざやかに時代性と社会性を与えられた人物もまたといないだろう。貧の愛《め》でし子である少女が、いかに的確に人と世を見ていたかを示している。父親には、いかがわしい商品を売りつける負い目に似たものがあったらしい。そんなときは比較の技法で良心ならびに女房をなだめた。

「戦争の時、罐詰《かんづめ》に石ぶち込んで、成金さなったものもあるとじゃもの、俺がとは砂粒よか、こまかいことじゃ」

「一瓶つければ桜色」の化粧水で、顔がハレたり、ただれたりしたのだろう、警察によび出され、ぴしぴしとビンタをくらった。からかわれ、「唄うて見んか」といわれ、半泣きになって「一瓶つければ桜色、二瓶つければ雪の肌」とうたったところ、またもビンタがとんできた。そのとき、おもわず口をついて出た捨てゼリフ。

「ハッハッ……うどん粉つけて、雪の肌いなりゃァ《(ママ)》、安かものじゃ」

ふつう捨てゼリフは喧嘩争論などの別れぎわに、相手に向かって脅迫の意味合いで投げつける言葉を指すが、もともとは歌舞伎の用語から生まれたもののようである。歌舞伎学者の服部幸雄によると、そこでは、どんな場合にせよ、「台本に書いていないせりふを役者が即興で自由にしゃべる時、そのせりふを指す」わけだ。

やつぎばやに殴られながらオイチニイが洩らしたひとことは、作者林芙美子が、一瓶十銭が似合いの安っぽい時代に向けた名捨てゼリフにちがいない。

宮本常一

金魚の島

金魚の一種に胴が丸まっこくて尾ビレのやたらに長いのがいるが、宮本常一《みやもとつねいち》の生まれた周防《すおう》大島は形がよく似ている。背ビレや腹ビレに相当する出っぱりもあって、そのうえ町役場の所在地を◉で示したりすると、それがちょうど金魚の目玉のところにあたる。口と下アゴを思わせるトンガリまでそっくりだ。

島であるが現在は橋で結ばれていて、ＪＲ山陽本線大畠駅前からバスが出ている。金魚の鼻孔から背中を撫でるようにして島に入っていく。

周防大島は別称であって、本来は屋代島《やしろ》、あるいは大島ともいって、瀬戸内海では淡路島、小豆島についで三番目に大きい。東西約二十八キロ、南北二十四キロ。ながらく山口県大島郡下にあって、久賀、大島、東和、橘の四町だったが、平成十六年（二〇〇四）に合併して郡が消え、周防大島町が生まれた。

一つの島だから一つの町にまとまるのがいいと思いがちだが、はたしてそうだろうか。旧四町のうち、久賀、大島、橘の三町が金魚の丸まっこい胴を三分する形なのに対して、東和町は尻ビレに続く二つの尾ビレである。その一つは長々とのびて先端が瀬戸ヶ鼻、もう一つの尻ビレの先っぽが沖家室《おきかむろ》島、ここも橋がかかり大島と結ばれている。知られるように宮本常一はこの東和町の生まれである。当時の行政名では山口県大島郡家室西方《かむろにしがた》村大字西方。昭和三十年（一九五五）に近くの村と合併して東和町になった。

「大字西方は旧藩時代には独立した一村であり、村の中には大積、小積、西方、長崎、下田、船越の六集落があり、字西方が古くはこの村の中心であったと見られる」（「家の歴史」）

六歳ぐらいのころ、祖父につれられ「三蒲《みがま》の日限《ひぎり》地蔵」にお参りに行った。西へ十六キロ、いくつも峠を越えていく。峠から久賀の町を目にしたとき、「そんなに大きな町を見たのははじめて」であって、少年は目を丸くして立ちつくした。（「祖父」）

「やはり幼いころ祖父と広島県の軍港呉《くれ》に行ったことがあり、帰りは新港《しんみなと》というところから船に乗った。夕方のことで海岸の家々に灯がともっていた。汽船で大島の久賀につき、そこの船宿で一泊。翌朝やっと家に帰った」（「車窓風景」）

久賀の旧家が勧進元になって、相撲興行を開いたことがある。宮本少年は父につれられ見にいった。

「帰りは汽船に乗ることにして港へいった。その頃は通い船に乗って沖の汽船までいき、乗りかかる」（「父」）

島内の町が、すでに異国のように遠いところだったことが見てとれる。

旧久賀町は二つの岬をもつ港町として早くからひらかれていた。背後に島の最高峰嘉納《かのう》山

（六八五メートル）が控え、山頂ちかくまで段々畑がせり上がっている。現在はミカン畑だが、古い写真では一面の棚田である。島は平地に乏しい。山の傾斜に石を積み、一寸刻みで棚田をひらいた。石を積むには特殊な技術が必要だ。プロの石工を招いたりはできないから、自分たちでこしらえる。ここでは誰もが一人の石工だった。米作りには水がなくてはならず、暗渠を掘って水を導き、用水路をわたして、どの棚田にもまんべんなく水をいきわたらせる。すべて島の人が自分でやった。

急峻な土地の石積みは大雨や日照りのたびに崩れてゆく。農閑期の棚田の修理は大切な仕事だった。点在した作業小屋には鋤や鍬とともに必ず槌やゲンノウなどの石割り道具がそなえられていた。周防大島は古くから出稼ぎ石工の島だった。海岸の築造、道路修理、棚田づくり、水道構築……。その足跡は中国地方から九州、さらに朝鮮やハワイにも及んでいた。

瀬戸内海沿岸には、ひろく石風呂が普及していた。風呂といっても湯につかるのではなく、石積みの室《むろ》を柴やシダなどで熱くして、海水でぬらした海藻やムシロを敷き、その上で休む。サウナと同じで全身が発汗して、休養とストレス解消、また親睦や娯楽にもなる。研究者の石風呂分布によると、周防大島にとりわけ多い。調査の時点で戸数三五〇〇戸弱、そこに総計十八ヵ所を数え、ほぼ二〇〇戸に一つの割りで石風呂があったことになる。東和町森、同小積、同平野、同油宇、同西方。こちらでは数十戸に一つの割りだった。

形は饅頭形の半円式か、山肌に室をつくる横穴式のどちらかで、内部はドーム状か、四角形、あるいは両者の組み合わせ。どの場合にも火に強い切り石や割り石を丹念にあてがっていく。高度な石積みの技術あってのこと。民俗学に興味をもつようになったのは、自分が育った環境によることを宮本常一はくり返し語ったが、おもえばそのための願ってもない条件つきの土地に生まれた。

橋ができたとはいえ、大畠からバスで旧東和町まではけっこう遠い。旧来の定期船で四国に出る方が近いのだ。一つの島ではあれ、江戸のころから旧三町は西の長州と、あとの一町は東の伊予と結びついてきた。石工のほか、島からは宮大工、家大工としての出稼ぎが盛んだったが、旧東和の人々は主に四国山地へ出かけた。その地に住みついた人もいる。

宮本常一の名著の一つの『忘れられた日本人』に「土佐源氏」と題された章がある。所は土佐山中の檮原《ゆすはら》村。イロリ火がチロチロ燃え、そばに盲目の小柄な老人があぐらをかいている。

「あんたはどこかな？　はァ、長州か。長州かな。そうかなァ。長州人はこのあたりはえっときておった」

聞き書きをとるにあたり生地を問われ、周防大島と答えると、老人は即座に「長州か」と応じた。宮本常一には、つづく「長州人」が実は自分と同じ島びとだとすぐにわかったが、かまわず老人のひとり語りをつづっていた。同じ一冊の聞き書きのなかで「土佐源氏」一つが、めだってちがう書きぶりになっており、聞き取ったところの「真実」をめぐり学者間に論議があるようだが、つまらない学問的アラ探しではなかろうか。聞き書きに一貫しているせっぱつまったまでの濃密な信頼の情が本来の中身というものだ。老人の話を聞きながら聞き手は、暮しのために島を出て四国に渡ってきた同郷人を思っていたにちがいない。目に見えぬその人々の声を聞くようにして、盲目の老人を見つめていた。

宮本常一は晩年、故里にもどり、さまざまな地域振興の活動をした。その一つが生産用具の収集で、呼びかけに応じて地元有志の集めたのが一万五千点にのぼり、そのうちの一部が周防大島文化交流センターに展示されている。

大きく分けて稲作、養蚕、紡績、ミカン栽培にあたり、それぞれの用具が島の暮らしの変化を伝えている。かぎられた土地の米づくりが、多くの出稼ぎ職人の伝統を生み出した。ついで養蚕が急成長し、稲田を圧倒する勢いで桑畑がひらかれた。つづいては反あたりの収入でミカンが有利となり、桑畑が姿を消してミカン畑になった。どの場合もやがて生産過多をひきおこし、卸値がガタ落ちした。

大正八年（一九一九）、十二歳の常一少年の夏休みの日記帳がのこされていて、養蚕に移行していたころの暮らしぶりがうかがえる。

七月二十七日　桑をつみに外入へ行った。かへって海水浴に行った。それからあみひきにいった。

七月二十八日　まゆをもいだ。暑さがきびしいので難儀かった。

七月三十一日　朝からぞうりをつくった。晝《ひる》からは軍艦をこしらへた。

八月三日　網をひきに行った。くぢがあたらなかった。手にうるしが出来たのでりゃうじした。

「外入」は近くの集落。夏のイワシ漁では、網引きをするとイワシが分けてもらえる。希望者が多いとくじになった。

八月十三日　山に行った。晝飯をすましてから夕立が來て大さわぎした。おさらいしてわらを打った。

八月十五日　麦をついた。それからわらを打った。晝からは網をひきに行ったがくぢがあたらなかったのでぞうりを作った。それから蚕の床を取った。

八月十六日　宮の森でぞうりを作った。海水浴に行って網をひいた。田へ行って水をけったりすったりした。

田んぼ、カイコ、山仕事、ワラ仕事、網引き。十二歳の少年はすべてにわたって「生産」にかかわっていた。それでも暮らしは貧しい。宮本常一は日本列島の隅々までくまなく歩き、生活に根ざした独自の民俗学を築き上げるが、その底には全身で体験した貧しさの記憶があった。沖家室の大浦に、蛭子《ひるこ》神社というお宮がある。玉垣に寄付をした人の名前と在所が刻まれるのは通常の習わしだが、蛭子神社の場合は一つの特徴がある。在所が異国にちらばっていることだ。ホノルル、カナダ、奉天、高雄（台湾）、義州、鎮南浦（北朝鮮）、安東、仁川、タイ、ベトナム……。

町役場のある旧大島町に「日本ハワイ移民資料館」が置かれていて、島の移民の歴史を展示している。日本政府とハワイ政府間の交渉ののちに募集を始めたのが明治十八年（一八八五）のこと、そのため「官約移民」とよばれ、第一回は二千人ちかくがハワイに渡った。そのうち四二〇人が山口県民で、さらにそのうちの三〇五人が大島郡出身だった。十年分の統計だけで全国で約三万人。山口県が三分の一強、その山口県の半数にちかい約四千人を島一郡が占めている。

ハワイにかぎらなかった。明治から大正、さらに昭和五十年代のころまで、「家室船」とよばれる船団が朝鮮、台湾、中国、東南アジアまで出漁し、各地で「分村」をつくって住みついた。そのひろがりは神社の玉垣に見るとおりである。

「父はよく一人旅をした」

宮本常一が父にまつわって述べている。秋が多かったというが、空が澄んで中国山地がくっきり見える夕方、早めに仕事を終え、家へ帰って手足を洗い、よそいきの着物を出させ、古びた中折帽をかぶり、「ちょっと出て来る」と行先も言わず出ていって、何日かもどらない。

父親ひとりの性癖でもなかったようで、同じ「父」のくだりに出てくるが、あるきれいな月夜の晩、村の男たちが小さな漁船に乗って沖へ漕ぎ出していった。

「夕飯時になっても亭主の姿が見えぬ。隣家へいって見るとそこでも亭主がいなくなっている」

そういう家が四、五軒あって騒ぎになったが、「さては月はあるし、海が凪いでいるので、宮島へでもまいったのであろう」ということになった。一週間あまりして帰ってきたが、家族の思ったとおり、海が凪いでいて、よい月夜なので宮島へ参りに行こうということになったが、宮島へ行くと、せっかくここまで来たのだから広島へ行こうとなり、広島まで行くと出雲へ参ろうとなったので、出雲大社へお参りをしてきた。そんなエピソードを紹介したあと、この旅の名人が不思議がっている。

「金を一文も持っていないのにどうして飯をたべ宿をとることができたのだろう」

引用からもわかるように、宮本常一はおりにつけ、祖父、また父を語った。それだけ大きな影響を受けたからだ。畑仕事のあいまや寝るとき、幼い孫は祖父から昔ばなしや村の唄を聞いた。父はつねづね、よその地、よその暮らしを見ること、また、見るときの心得を教えてくれた。いずれものちの学問の軸にあたるものである。だから民俗学を語るとき、たえず言わずにいられなかった。

「民俗学という学問は体験の学問であると思っているが、それは幼少時の生活のあり方にかかわるところが多いのではなかろうか」（『民俗学の旅』）

父は十代半ばの少年に、島を出て「他人の飯」を食ってくるようにすすめた。教えどおり、少年は十四歳で島を出た。大阪の逓信講習所に入り、翌年、大阪・高麗橋《こうらい》郵便局に就職。そして勤めながら天王寺師範学校第二部（夜間）に通った。のちに民俗誌以上に生活誌を説いた人の最初の実践は、大阪府泉北郡の小学校だった。二つの学校にまたがり、最後の二年は高等科を担当。昭和九年（一九三四）四月から昭和十四年（一九三九）、宮本常一、二十六歳から三十二歳にかけてのこと。

昭和五十六年（一九八一）一月に世を去った。同年六月、小学校で教えを受けた人たちが小さなホテルで「宮本常一先生を偲ぶ会」を開いた。計二十二人が集まり、こもごも思い出を語り合った。

それが宮本常一が若い研究者のために創刊した『あるくみるきく』一七四号に収録されている。一九八一年八月の発行、「宮本常一追悼特集号」となった。記録・構成は教え子の田村善次郎、おしまいの「おいがき」にあるが、「若干の取捨選択はおこなったが、できるだけ忠実に採録」。いかにもそのとおり、こういったことは生まれて初めての人々の表情や手つきまで見えるように写し取ってある。

最後の生徒でも卒業後、四十二年がたっていた。にもかかわらず記憶は昨日のことのように鮮明だ。四年生のときに出会った一人。

「その第一印象を申しますと、色は浅黒く、頭は丸坊主で靴はズック靴（…）目を閉じますと、その姿が今も瞼にうつります」

すぐにあだ名がついて「クロンボ先生」。べつの人は歩き方に触れている。とりわけ印象的だったのだろう。

「余り頑丈という体格ではなかったですがね、歩いているのをみると、サァーサァーサッと大またでね、飛ぶように歩くんです」

この人はのちに写真屋になった。あるとき週刊誌に先生の写真が出ていて、手にカメラをもっている。「あれ！　先生も同業者やってんかな」と思ったそうだ。

泉北郡は現在、泉北ニュータウンができてすっかり変わった。そのような開発がされるとおり、土地が痩せていて暮らしは貧しい。四年から高等二年まで担任をしてもらった人が述べている。六年生のとき、宮本先生が家へきて、中学校に行かせてやってくれと親にたのんだ。翌年また「学校やってくれんか」とすすめにきた。

「そのことが一番うれしく残っております」

やはり進学を諦めた一人。

「先生が大阪逓信講習所のトンツーですか、電信マンをやられたことがございます。それで、そこへ行ってはどうかと……」

卒業して郵便局に勤めていると、先生が休みの時にやってきて、窓からじっと見て、何にも言わずに帰っていった。次に会ったとき、「だいぶトンツーがうもなったなあ」とほめてくれた。

「私は先生といえば宮本先生しか記憶にありません。ホンマに良い先生でありました」

みんなが同じ思いだった。

体操の時間や日曜日には、近くの山や池や神社をいっしょに見て歩いた。小さいときに体で覚えたことは、もっとも深く身につくからだ。貧乏村でも良い習わしがいくつも残っている。

それを作文に書く。上手に書こうとしてはいけない。よく見て、村のことをしっかり書く。

「勉強はしなくても、作文は皆それなりにしていたように思います」

宮本常一は多くの後輩を育てたが、この生徒たちはその一期生だ。そして宮本常一をめぐって語られたなかで、頭に霜をおいた人たちが四十年以上も前を思い返した証言が、もっとも的確にのちの宮本常一をとらえている。一期生は気づかなかっただろうが、宮本常一自身、貧しい村の生徒たちから多くを学びとったにちがいない。準備万端ととのった思いがしたのだろう、一九三九年九月末に小学校を退職。単身上京して、渋沢敬三のアチック・ミューゼアムに入った。

宮本常一は「歩く民俗学者」とあだ名されたが、本格的に調査、研究を始めた昭和十四年(一九三九)から二十五年間、旅した日数は四千日、たどった町や村は三千、泊めてもらった民家は千軒にのぼるという。

取材先の記録にあたり、小型カメラのオリンパスペンを愛用した。いかにもこの人らしい選択で、フィルムがハーフサイズ、一本のフィルムが倍に使える。残された写真は総計十万枚にあまったというが、目の記録であり、暮らしの記録であり、民俗的関心以上に、ある特有の視線が感じとれる。限られたフィルムに意味があった。撮るか、見送るかを瞬間的に判断して、選択しなくてはならない。

一九六〇年代の島の写真が多いのは当然であって、自分も島の生まれであり、島の現状、また特性をよく知っていた。島同士が隣り合っていても、ともにまるで別個の風土なり風習なり伝統をもち、ある島はなぜか、よそでは早々に消え失せたものを、よくもちこたえている。宮本常一が歩いたのは、そういったものが国の政治また経済体制から見すごされ、島の暮らしから急激に消滅していく只中だった。小さなカメラ一つで後世のために、この島国の生活民俗的絵巻物をすくいとった。


金魚島の尻ビレの先っぽに、いびつな三角形をした沖家室島がある。今では橋で結ばれているが、宮本常一がしばしば通ったころは、定期便の船が往き来していた。同じ東和町であっても島のなかの島であり、少年のころは遠い異界のような気がしていたのではなかろうか。

沖家室は本浦・州崎の二つの集落から成り、昭和初期から戦後にかけて、本浦には四十一軒の店と三つの造船所があった。現在は雑貨店が一軒、郵便局が一つあるきり。州崎には四十五軒の店と二つの造船所があった。すべて廃業、通りには無人の家が並んでいる。

医院、銀行、ラジオ屋、畳屋、豆腐屋、酒店、文具店、釣鉤屋、理髪店、旅館、風呂屋……。のこされた看板や店がまえが旧の商いを伝えている。計八十店舗あまりを数えるのは、それだけの住人がいたからで、最盛期は三千人を超えた。現在はその一割、正確には一割のまた何割かにとどまる。過疎というなら、まさに壮絶な過疎状態というほかないだろう。ノンフィクション作家佐野眞一が『大往生の島』（文藝春秋）として取り上げたのは平成九年（一九九七）である。

「沖家室の高齢化率は日本全体の高齢化率の四・七倍に相当する七一・一パーセントにも達している。この島の百七十九世帯二百六十三人のうち、実に十人に七人以上が六十五歳以上のお年よりで占められている」

さらに二十年あまりが経過して、世帯数は三ケタから二ケタにへり、高齢化は十歳分を上まわる率で上昇した。

だからといって壮絶な過疎地とするのはまちがいかもしれない。周防大島の島の分村はいわば世界の五大州にまたがり、いまや無人の通りにも、目に見えない島びとたちが往き来している。さびれはした商店街なのに少しも暗くなく、閉ざされた玄関に荒廃のあとがないのは、遠くから故里を見守っている無数の目があるからだ。勇んで玉垣に名を刻んだ世代の子や孫たちが、おりにつけやってくる。ハワイ在住の三世が父祖の地の観光振興のプランづくりを考えている。

沖家室のお年寄りにおしえられて島の向かいの地家室《じかむろ》を訪れた。集落の背後の山道を少しのぼると、石風呂の前に出る。岩場を利用して奥にひろげたタイプで、まっ黒な入り口の鉄板の蓋が余熱をのこしていた。つい前日、久しぶりに風呂が焚かれたそうで、となりの休憩用の建物に、くだもの、おかず、炊きこみごはんなどが運びこまれ、いちにち人でにぎわったらしい。

一段高いところに大島八十八ヶ所巡りのお堂があって、かたわらに石仏が鎮座している。久しぶりの人々に、かわるがわる撫でられたのだろう。やさしげな仏のおでこと額が、こころもち黒ずんでいる。若い宮本常一もまた日焼けのせいで「クロンボ先生」の愛称をもらっていた。わが国の経済の高度成長が始まり、昔ながらの共同体が急速に崩れだしたころ、その寸前の町や村を、宮本常一は一つ一つ、大きな変化の予測をまじえながら訪ねていった。金魚の島はその根のはじまり、とともに大いなる変化の行く末を、あますことなくとどめている。

畦地梅太郎

山の詩人

版画家畦地梅太郎《あぜちうめたろう》は「山の詩人」などと言われるが、この人が山のモチーフにたどりついたのは、中年すぎてからである。それまではもっぱら大都市をテーマにしていた。都市風景なのに人影の絶えた町並み、あるいは、さんざめく夜の銀座の人の群れ。労働争議で連行される人。ひところ満州を彷徨していた。

五十代半ばになって作風がガラリと変化した。にわかに山があらわれる。山の呼ぶ声、山に眠る、山男、山小屋の老人、雪渓、登る男、雪の化身のような白い像……。一九六〇年代はじめである。「所得倍増」が時の内閣のスローガンだった。「高度成長」が新聞の大見出しにおどっていた。誰もが背広を着た「エコノミック・アニマル」に変身して、鼻息荒く金儲けに駆け出していく。

まさにそのころである。畦地梅太郎は都会に背を向けて山に向かった。線が消え、色が澄み返る。深い海の底のような虚空に山男がいる。白い山が浮いている。

描くために山に入ったのか、それとも山に入って絵を見つけたのか。以後の画題はひたすら雪と岩と空の世界になる。つまり、鉱物の世界であって、人もまた鉱石のように突っ立っている。厳しい自然の条件が一切のムダを省いたかのようだ。素朴な親しみやすさのなかでフォルムが大胆に簡略化され、明快な色彩を通して清冽な「詩」があふれ出た。

愛媛県北宇和郡三間町《みまちよう》。畦地梅太郎の生まれた町である。ただし、これはのちの行政標示であって、梅太郎誕生のころは二名村《ふたな》と言った。正確には二名村大字金銅。昭和二十九年（一九五四）、隣村の三間村、成妙村と合併し、三間町ができた。

畦地梅太郎がくり返し思い出し、帰っていったところである。幼い頭には、まず「ふたな（二名）」がしみついた。だから生地を「三間」と書くとき、いつもウソっぽい気がしたのだろう。リチギ者の版画家は故里を語る際、説明を加えないではいられない。三つの村が合わさったとき、三間村が一番大きかったのでそれを町名にしたまでで、三つ合わせたから三間ではない――。

「町になったからといって、何も変わらなかった。自然は以前のままである」（「わたしの郷里の森の話」）

明治三十五年（一九〇二）十二月の生まれ。日英同盟の結ばれた年である。二年後が日露戦争で、黄海海戦、遼東半島占領、日本海海戦、ポーツマス条約で終結。大日本帝国が威容をととのえ、急速に世界の列強へとのし上がっていったころである。

四国の人は愛媛県南部を旧伊予国《いよ》にちなみ「南予《なんよ》」と言う。中心都市は宇和島市で、海が近く、気候は温暖で、ミカンをはじめとして果実がよくみのる。同じ伊予弁でも南部はやや間のびしたような話し方で、語尾に「じゃ」「ん」「おる」がつく。「……だそうじゃ」「しなくちゃいけん」「しておる」といったぐあい。畦地梅太郎が生涯、身分証明書のように身につけていた言葉であって、おりおりエッセイにも顔を出した。

小さな村に時代がどのような影を落としていたか。人々はむろん、大国ロシアに対する宣戦布告を知っていた。旅順の戦いに息を吞んだ。のんびりした土地言葉で出征した誰彼のことが語られ、村の鎮守さまに身内の無事を祈願した。曾我神社といって、社殿の前が小さな広場になっており、一面に荒ムシロが敷かれていた。そこに「ちこんと坐っていた」そうだ。前に御馳走を詰めた重箱が置かれ、両親と兄もいっしょだった。

「年齢を逆算してみると、明治三十七、八年の日露戦争に勝利を得た年のようである。あるいは戦勝祝賀の大酒盛りではなかったかとも思う」

南予の地勢には一つの特徴があった。山並みが入り組んでいるが、総じて北側が高く突き出していて、南側はゆるやかにのび、水田がひらけている。三間川の流れる周辺は南予で数少ない平野部だが、それでもいたるところに山が出ばっていて、山と山のあいだの奥まったところに集落がある。だから水田は無数の段差をなしていて、一つあたりはごく小さい。大地主というものがなく、中から小地主ばかり。分家をすると共倒れになるので、二男以下は村を出ていく。出ていかなくてはならない。

生地の大字金銅は豪勢な地名にもかかわらず狭い山あいの集落で、農業だけでは暮らしていけない。畦地梅太郎は父親のことを書くとき、微妙な語り方をしている。父は「器用貧乏だった」というのだ。手先が器用で何だってできる。たのまれると祭りの出し物の小道具も作った。天神さまや大黒さまの刷り物もした。

父親の器用さは生まれながらの資質という以上に、生活がもたらした必要でもあった。器用でなくては生きていけない。宇和島から北東に約十二キロ。山あいの村は耕地がいたって少ないのだ。

江戸時代の宇和島藩は「鬮持制《くじもちせい》」というのをとっていた。土地の物産である蠟や紙やこうぞを専売制にして、生産と販売を一手に管理する。おのずと下部組織は地区ごとに強固な共同体ができていた。

畦地梅太郎の祖父は明治維新のとき進歩派で、保守的な村人と争いを起こしたという。その後、畦地家と村とがどのような関係を保っていたか、ほぼ想像がつく。共同体のなかの外れ者であって、なおのこと器用でなくては生きていけない。秋祭りの行列には天狗が露払いをする。天狗の面が古くなって新しいのを作るとなると、手間仕事が父親にまわってきた。梅太郎少年は、夜なべしてヘンテコな面を刻んでいる父親の背中を見ていた。

「自分から引き受けたのでもなかろうが、わたしのおやじが行列の露払い役で……」(「天狗の羽根」)

自分で作った赤っつらの面をかぶり、高足駄をはいて、フラつきながらやってくる。

「おやじを見た。わたしは、はずかしくなって、そっと人垣の後へまわった」

回想を通して、小さな村の日常がまざまざと見えてくる。暮らしは貧しかったが、自然は豊かだった。家の裏手はすぐ山で、雑木が繁っていた。シイ、アカマツ、クス。赤っぽい山道はいつも湿っていて、シダや苔がはえていた。小さな平坦地に粗末な社があって、村では「おいせさま」と呼ばれていた。豊作や病気平癒の祈願に登ってくる。祭りのたびに大人たちは社前で酒盛りをした。

そこからまた登りになって、小さな鞍部《あんぶ》に出る。隣村からの道と交叉するところで、さらに登ると三ヵ村の境界の頂上に行きついた。

学校から帰ると、カバンを投げ出して裏山へ行く。こどもは外で遊ぶものであって、家で本など読んでいるのは病人なのだ。赤土の道を走り、「おいせさま」を通りこしながら、若木を見つけると、すぐさま引っこ抜いた。野生の梨や柿や山桃のみのるところをよく知っていた。シイやクリの木のありかも知っている。途中に灌漑用の池があって、よどんだ水が少年を恐がらせた。頂上ちかくまで登ると、海が見えてくる。宇和海と呼ばれる内海《うちうみ》である。

「午後に光る海を眺めて遠くの方に憧れた」（「わたしの山」）

よほど高い山へ登っていたつもりだったが、あるとき地図で確かめると標高三七七・二メートルとあって、われながらあきれたそうだ。

二名村の氏神様は郷社の社格があって、うっそうとした社をつくっていた。郡境の山並みがつきるところにも黒々とした森があった。裏山と同じく、どちらもこどもの遊び場で、密林探険やシイの実をひろいに出かけた。これが畦地梅太郎の山であって、あらためて山とは何かを問われると、口ごもりながら「子供の頃、山で遊んだときの感情」と言うしかなかった。

画文「わたしの山」は、山の雑誌『アルプ』が百号記念に「山と私」特集号を組んだときに寄せたものである。一九六六年のこと。畦地梅太郎、六十四歳。「山に寄せる基本的な考え方」といわれても答えようがないので、裏山をめぐる画文で代えた。

「子供の頃に無意識に身に染み込んだことは、まったく野性的であったようだ。こんにちでもわたしはそうした山歩きから抜けることはできない」

「太郎」の名をいただいていたが、梅太郎は二男である。少年期の終わりとともに村を出なくてはならない。畦地家では長男がまず家を出て船員になった。その弟も十三のときに村を出る。どの家も、ほぼ似た事情だから話題にもならない。気がつくと幼い顔が見えなくなって、貧しい親たちだけがのこっていた。

畦地梅太郎によると、家々だけでなく村もきわめつきの貧乏村で、こどもの遊び場だった氏神様の社も、郡境の森のシイの大木も、村費をひねり出すため、つぎつぎと伐られていった。曾我神社の経営もやしないかねて、やがて御神体が隣村の三島神社に合祀された。

父親を「器用貧乏」と述べたとき、畦地梅太郎にはひそかに思い当たるところがあったのだろう。当人がいたって器用な人だった。指先にかぎらず生き方にもかかわってのこと。どんなに貧乏でも生きていける。無一文でも旅ができる。版画に入ったきっかけが、またそうだ。内閣印刷局活版課の一番下っぱの職工だった。内閣の広報誌「官報」を刷る。刷り出したあと活字はすぐに鋳《い》つぶされる。

これに目をつけた。活字金は鉛版であって、これを使えば銅版画ができる。表面を釘やキリでえぐり、印刷用のインキで刷ってみた。二十代はじめの職工の刷り物が、版画家前川千帆《せんぱん》の目にとまり、『版画CLUB』に評をのせた。

「鉛板を版にしてブラックアンドホワイトであります。逡巡する所なく刀を縦横に走らせた流暢な作です。そしてよく光と影を捉《つか》んでいます。黒と白の分量も考えてあり、空の部分のボカシも深みを表しています」

勤め先の残り物を借用して、先輩画家をうならせた。

木版にうつったのは、内閣印刷局をやめて、銅版と縁が切れたからである。おりしも昭和初頭、すさまじい不況の只中であって、街には失業者があふれていた。そんななかでかたい職場を捨てるのは勇気のいることだが、畦地梅太郎はこともなくそれをした。何をしても生きていけるのであれば、横柄な下っぱ役人にペコペコしているまでもない。そのころだろう、一連の作がある。日比谷公園、九段坂、病院の裏手、給油所……白黒二色の都市風景シリーズである。正しくは色はなくて明暗だけ。たとえ色がのせてあっても、よどみ、くすみ、にごり、かすれている。青年は老人のようにシワ深い風景を描いた。明るい昼間でも光がなく、天地は静まり返っている。軍国主義になだれこむ直前の死の風景だ。

中年すぎて山に入った画家の絵は、おどろくほど若やいでいく。色は初々しく、タイトルが告げるとおり、モチーフもまた青春である。わかれ、めぐりあい、山に向かう、あこがれの山、鳥にきく、山のよろこび、アルプス遠望、白い像……

老いを増しながら、年ごとに若やいでいった。老人から始めた人が、若者になって完成を見た。重力に逆らって登る岳人と同じである。時間を逆向きに成長して詩人になった。

柳田国男

極大と極小

柳田国男《やなぎたくにお》の『故郷七十年』は聞き書きによる回想である。昭和三十四年（一九五九）の刊行。ときに柳田国男、八十四歳。

「昭和三十二年十二月十四日、嘉治君神戸新聞社の二記者を伴い来る。社の六十年記念の為に昔話をする。十時半より夕方まで」

丹念な日録によって聞き書きのできていった経過がわかる。もともと十年前に一度申し出があったことだという。神戸新聞は兵庫県の県紙であって、創刊五十周年企画としてプランが生まれたのだろう。そのときは断ったが、十年後なら応じる旨の約束をした。「嘉治君」は、旧知の仲であって、よき聞き手の進行のもと、「十時半より夕方まで」長時間にわたり思い出を語った。何ごとにも慎重な語り手は、先立ってそれなりの準備をしていたのではなかろうか。

二回目は三日後の十二月十七日。以後、翌三十三年三月二十九日まで計二十五回つづけられた。持ち運びのできるテープレコーダーがお目見えしてしばらくのころであって、録音しながら二人の記者がメモをとり、それをもとに文字おこしをした。聞き手の問いや合いの手がはさまっていたのをすべてカットし、ひとり語りのかたちにして原稿にする。それを語り手が点検、記憶ちがいほかを正してのちに回想記が成立した。現行の版（講談社学術文庫）の五百ページをこえる大冊は、すべてひとりの記憶からつむぎ出された。

新聞連載は計二百回に及んだ。掲載の始まりは昭和三十三年一月八日付。少なくても三月末日までは、聞き書きと連載が並行してすすんでいった。

「神戸新聞は今年満六十年を迎えるという話である。人間でいえば還暦というわけであろう。ところが初めて私が生れ故郷の播州《ばんしゆう》を出て関東に移ったのは、それより十年以上も古い昔のことであった」

連載にあたり、柳田国男は新聞に「起筆の言葉」を寄せた。故郷を離れてのち、「眼」が全国、また世界中にひろがり、関心もまた拡大したが、幼いころのこと、また幼い自分をめぐる周囲の動きとは「八十余歳の今もなおまざまざと記憶に留って」消えることがない。だから当時のことを筆に起こして、自分の足跡と背景を記録しておきたい——。

ここまでは功なり名をとげた人の回想ものにおなじみだろう。遠い昔の話であれ、「若い世代の人たちにも、何か為めになるのではないか」といったことわりがつく点でも同じ。だが、最後の一行は、あきらかな語り手本来のメッセージであって、『故郷七十年』独自の性格を告げている。

「単なる郷愁や回顧の物語に終るものでないことをお約束しておきたい」

そして柳田国男は、これ以上ないほどきびしく約束を実行した。

新聞読者への予告にあたる「起筆の言葉」に始まり、序にかわるのが「母の思い出に」。ついで「故郷を離れたころ」「私の生家」「布川時代」「辻川の話」「兄弟のこと」「文学の思い出」。以上でちょうど全体の半分を占めている。ついで「学生生活」「官界に入って」「柳田家のこと」「交友録」。

多少とも柳田国男その人の生涯を知る人は、目次をたどりながら少々いぶかしく思うのではあるまいか。目次に見るかぎり『故郷七十年』の「故郷」に相応するのは「私の生家」と「辻川の話」の二章のみであって、故郷を語るはずが「故郷を離れた」時点より語り出されているのである。

「交友録」は、回想のなかの中休みのような章で、直前の「柳田家のこと」は、明治三十四年（一九〇一）、二十六歳で養子に入った前後の経過と信州・伊那の出の養家について述べている。ここまでは章名からもわかるとおり、時系列ですすめてきた。ところが中休みのあとは一挙に一〇〇ページあまりの「私の学問」になり、つづいて終章「筆をおくに臨みて」がくる。養家に入って性が松岡から柳田に変わって以後は、一切を「私の学問」に代理させて終わりにした。生涯をたどる回想記としては、きわめて特異なかたちをとっている。どの段階であれ、おそろしく細部にわたる叙述からも、十年の保留の間に、資料などもととのえていたと思われるのに、その一代記がどうしてこのような風変わりなスタイルをとったのだろう？

「私が次兄（井上通泰《みちやす》）に伴われて故郷兵庫県神東《じんとう》郡田原《たわら》村辻川（現・神崎《かんざき》郡福崎《ふくさき》町）を離れてから、もう七十一年になる」

現福崎町は兵庫県の瀬戸内寄りの中央部にあって、姫路市のすぐ北にあたる。辻川は柳田国男が生まれ、十歳まで育ったところ。そののち生家は売り払われ、一家は東隣りの北条《ほうじょう》（現・加西《かさい》市北条町）に移り、国男少年は二年間を北条の高等小学校に通った。だから正確には明治二十年（一八八七）八月末に人力車で北条を発って、明石を経由し神戸へ出た。まだ東海道線が開通していなくて神戸から汽船で東京に向かった。

「明石を通り過ぎる時、幼いころからこの地名はよく聞いていたから非常に興味をもって四囲の風物をながめていたのだが、そこで西洋人が海水浴というものをやっていた。女が裸になつてサルマタのようなものをつけて海に入っていく」

強い印象を受けて、それからずっと明石というと海水浴と結びついてしか思い出せなくなった。

船は日清戦争にも出動した「山城丸」で二千三百トン。大きな船に乗る誇りと興奮から眠れないほどで、立ち入り禁止区域に入り、一等船室の西洋人をのぞき見したりした。すべてが意外なことばかり。

「これが私の世の中を見たはじめだった」

横浜に入港。汽車で東京着。兄は湯島・順天堂の地つづきに下宿していた。

「翌朝早く起きると、東京はどんな所だろうと兄が眠っている間に本郷の通りに出た」

当時、電灯はまだなくガス灯の時代で、夜明けのひっそりした通りにガス灯が点々ともっている。そんな東京風景が十二歳の少年の第一印象だった。息をつめるようにして、少し先まで行ったのだろう。下宿から出たとっつきが風呂屋、そこから何軒目かが絵双紙屋。とたんに末の弟（輝夫、のちの画家松岡映丘）を思い出し、錦絵を買って送ってやろうと心に決めた。

冒頭の故郷を離れたときの報告が、回想記全体の特徴を要約している。経過を述べて、感情めいたことは一切入れず、記憶にのこっている出来事から最も印象深いもの一つか二つをあげ、その際に観察したことを述べていく。上京途上の少年は、たえず好奇の目を輝かせていた。以後の七十一年間の人生にあっても、終始変わらなかった特性だろう。

経過に区切りがつくと、「ここで思い出すのは」といったひとことをはさんで、あとで気づいたことを加えていった。その最初の一つが、兄井上通泰のこと。のちに眼科医のかたわら、御歌所《おうたどころ》の寄人《よりうど》になった歌人だが、弟を引き取りに行ったころはまだ古歌に通じていず、香川景樹の有名な歌に関して、十二歳の少年にたしなめられた。

「しらんのですか景樹の歌だんがな」

おそろしくませた少年像とともに、もう一つの姿を示している。「だんがな」といった変な言い方は、少年が育った播州ではごくふつうであって、「である」の強調形で、「景樹の歌じゃないか」の意味。十二年はふるさと言葉を習得するのに十分な年月である。柳田国男は西国播州の言葉とともに故郷を離れた。そして長兄のいる茨城県布川、利根川のほとりに移った。やわらかな関西弁の系譜にある地方語の少年が、荒ぶれた坂東の地言葉に直面する。子供たちが互いに呼び合うときの呼びすて方式が、すでにまるきりちがっていた。

「私の故郷辻川では呼び方に『ヤン』と『ハン』の二つがあり、『ハン』の方が少し尊敬の意がこもっていた」

国男はんは、子供の口では「クニョハン」になった。弟の静雄は「シゾォハン」、輝夫は「テロハン」だった。それがまったく呼びすて、「クニオ」の世界に投げこまれた。

「私の生まれた辻川の家は、(…)辻川の街道に面して黒板塀があり、表の空地には兄が永住の地と定めて、さまざま花木を植えていた」

間取りは田の字形、四畳半の座敷に四畳半の納戸、横に三畳間が二つ。ここに両親、嫁取りをした長兄夫婦、さらに国男を含む子供たちが住んでいた。このくだりで有名な「私の家は日本一小さい家だ」が出てくる。二夫婦が住むなど、とうてい無理であって、姑と嫁がこじれて嫁は実家に逃げ帰る。「永住の地」がこわれ、兄はヤケ酒にふける。当時、いたるところで見られた家庭悲劇だろう。辻川の松岡家にユニークなのは、ある決断をしたことだ。家、土地を売り払い、それを学資にして長男に改めて医学を学ばせた。以後はその医者が一家を養い、弟たちの将来の道をひらいた。

もう一つ、「日本一小さい家」が大きな意味をもっていた。のちに柳田国男がくり返し語り、一つの学問の発生の同義語にもなった。

「じつは、この家の小ささ、という運命から私の民俗学への志も源を発したといってもよいのである」

聞き書きにあたっては、神戸新聞の記者二人が立ち会ってメモを取った。その一人が柳田の死後に「自叙伝に載らなかったごく一部分」について発表している。生家の間取り、その小ささを言ってから柳田国男は、はっきりと述べていた。

「昔は娘が婿を取っても、倅が嫁を取っても必ず主人夫婦とは別に寝たものである。襖を隔てて寝息まできこえる同じ家に若夫婦を住まわせた私の親たちも無謀だったし、仲人をした村の物わかりのいい人も乱暴であったと思う」（宮崎修二朗『柳田國男アルバム　原郷』）

このとき長兄は二十歳。あきらかに性に触れている。若い夫婦の夜の生理を「私の親たち」、また仲介をした「物わかりのいい人」がどうして考慮しなかったのか。

口述筆記が文字におこされてもどってきたとき、柳田国男はこの部分をカットした。「襖を隔てて寝息まできこきとれる」は、たしかにそのとおりであれ、語りたい自分の意向にそぐわない。つづけて補うようにして、こうも述べていた。

「これは単に私の家の歴史を語るのではなく、古い制度を、どう変更すべきかを考えなかった、平たくいえば民俗学のなさを語っているわけである」

この部分もカットした。無用の感想があったからだ。

生家は文化財として、辻川の北の鈴ノ森神社の横手に移築、保存されている。柳田国男によると、似て非なるもので一向になじめず、帰郷しても遠くからながめるだけにしていた。

鈴ノ森神社は旧田原村の氏神様であって、北の山麓にあり、境内の右かたに御神木のヤマモモの木が繁っている。神社はつねに子供たちの遊び場であって、回想が楽しげに帰っていくところだ。『孤猿随筆』にも出てくるが、御神木であれ、子供たちは「年百年中」木に登って、実がまだ青いうちに取って食べた。国男少年は不器用な上に親から木登りはとめられていたので、かわりにすぐかたわらの狛犬《こまいぬ》に乗っていた。のちに歌人国男はものいわぬ石の像を歌に詠んだ。

うぶすなの森のやまももこま狛《いぬ》はなつかしきかな物いわねども

拝殿が絵馬堂を兼ねていて、奉納額がかかげてあった。今もあるが、とりわけ大きな一つは、「忠臣蔵」を絵解きしたもので、小さな一つは常盤御前がわが子を伴って行く場面を描いたもの。木登りのできない少年は、来るたびに絵馬を見上げていたらしい。芝居の筋が「十五に区劃して順々に描いてあるので、此芝居にはわたしは通暁していた」（『孤猿随筆』）。

村の少年の世界にあって、鈴ノ森神社が北の端とすると、南は稲荷神社だった。辻川を南北に流れる堰溝《ゆみぞ》を下っていくと、小さな森につつまれて、「稲荷様の祠」があった。森では藤がからまっていて花をつけた。すぐそばの土地は、かつては松岡家の所有だったが、先祖が売り払ったと父から聞いていた。

「当時はほんの小さな祠であってその森へのなつかしみが稲荷信仰に、狐の研究に私が心を寄せるようになったもとでもあった」

西の端はどうか。市川《いちかわ》である。生野《いくの》の山に水源をもつ川で、ゆるやかにうねりながら姫路市郊外で瀬戸内海に流れこむ。旧田原村、現福崎町ではすでに下流域にあたり、川幅が広く水量もある。辻川からほぼまっすぐ西に来ると、川から突き出た大岩に出る。「駒ヶ岩」と呼ばれ、下は淵をなし、青黒くよどんでいる。子供たちには夏のプールであって、大岩からとびこんで、もぐりっこをした。

柳田国男には、ことのほか思い出深い岩と淵だった。三十代の旅行記「北国紀行」に始まって、くり返し言及した。「豆の葉と太陽」には、「尋ねまわった挙句やっと饅頭笠ほどの大きさに、昔の駒ヶ岩が赭色の頭を砂の中から出して居るのを見つけた」とある。だが、土堤が高くなり、堤の下から見ると、現に見るとおり水中からそびえ立つ巨岩であり、また土堤側にあって砂に埋もれたように見える。

市川の各所にカッパ伝説が伝わっており、駒ヶ岩にもあった。

「それでも河太郎が棲んでいた時には子供を取り又或る時は娘が来て身投げをした」

夏のプールの往き帰りに、子供同士でそんなことを話していたにちがいない。駒ヶ岩には馬の蹄によく似たくぼみがあって、白い馬に乗った明神さまが岩を蹴って山の古宮へ飛んだときにできたといわれていた。少年たちの夏のプールの飛込台が、のちに「河童駒引」、さらに「馬蹄石」をテーマとする『山島民譚集』を生み出した。

「村ノ西ヲ流ルル市川ノ岸ニ一箇ノ大ナル駒ヶ岩アリテ、其上ニハ正シク神馬ノ蹄ノ痕ヲ存ス。我々兄弟ハ夏ハ此岩ノ上ニ衣ヲ脱ギテ其西側ノ淵ニテ水ヲ泳ギタリ」

では東の端はどうか。満四歳のとき「下等八級生」として通い出した小学校だろう。師範学校出の長兄が校長をしていて、特別に早い入学ができた。九歳で「小学中等科卒業」。

「辻川の南を岩尾川という綺麗な細い川が流れている。（…）その少し上流に岩尾神社というお宮がある。妙徳山の鎮守だったらしい。それに向かって左の所に私たちが通った昌文小学校があった」

妙徳山には一月に「鬼追い」の行事があって、幼い者にはそれが「いちばん大きい興奮」だったという。踊り手が「おん、そこじゃい。めん、そこじゃい」と叫ぶので、国男少年は鬼におん（オス）とめん（メス）があるのかと思っていた。のちに年中行事の歴史を調べたところ、この鬼追いは播州の北でいちばん歴史が旧く、平安朝まで遡ることが判明した。

北　鈴ノ森神社
西　市川・駒ヶ岩
南　稲荷様
東　昌文小学校・妙徳山

四点を線で結ぶと、いびつな四辺形ができる。つまりはこれが国男少年の世界だった。大人の足では三十分もあれば一巡できるが、利発で注意深く、また貧しい一家の子供には無限に広い。のちの柳田民俗学の広大なひろがりを煮つめていくと、この小さな四辺形に往きつく――無数の年輪をもつ大木を一寸刻みに剝いでいくと、中央の小さな芯に往きつくように。

すべてがここから始まった。県紙六十周年の企画ものを承知したとき、柳田国男にはひそかな目論見があったのではなかろうか。記憶を相対化して、その底にひそんでいる「歴史」をあきらかにする。まさに当人が学問的に応用したことだろう。これまでさんざん他人の記憶を使ってきた。伝承や習俗というかたちでのこったもの、声、しぐさ、意匠に刻まれた歴史の発見。それを自分の過去に応用する。歴史のテクストを当の自分に拡大する。相対化のためにも、『故郷七十年』は故郷を離れた一点から語り出されなくてはならず、生来の姓が選びとった姓に取り替わったとき、時系軸は打ち切られ、「私の学問」が代理した。それはごく自然ななりゆきというものだった。

四辺形の中を、少しばかりのぞいておく。

「この薬師堂は、村では有井堂と謂つて峰相記《みねあいき》といふ古い書物にも其名が出て居る」

生家のすぐ裏手にあった。そのこと以上に松岡家とはいろいろ縁があって、父親が若いころ、ひどい神経衰弱にかかり、ある夕、突然いなくなった。月の明るい夜だったというが、皆が大騒ぎして探していると、御堂のわきの空井戸から出てきた。「月を見ながら考えごとをして居た」という。

そのころ犬は個人ではなく村で飼っていた。名前は「熊《くま》」といって、春に御堂の下で仔犬を産む。

「考えてみると子供の役目も多かった」

のちに柳田国男は、野の花や野鳥の命名にあたっての子供のはたらきをはじめ、かつての日本の社会における子供の役割をくわしくあとづけたが、そのパイオニアがここにいた。犬の「管理者」を申しつけられていて、春になると堂の床下にもぐりこむ。

「……一種の臭気。あのにほひといふ以上に名前の付け様も無い特別な香が恰も香爐の煙の如く、子供の心を専念ならしめたのである」(『黒』を憶う」)

甘ずっぱい乳の匂い、もつれ合った、やわらかなからだの臭い。「恰も香爐の煙の如く」などとかしこまった言い方をしたのは、エロティックなけはいを悟られたくなかったせいではあるまいか。

堰溝のつづきの松の木の下に地蔵堂があって、夏のある日、堂の前にムシロを敷いて、村の人がカンカン鉦をたたいてお祭りをする。まだハナたらしのころ、小豆の握飯をいただいた。地蔵さまも右手に三角のものを持っており、幼い頭でやはり握飯のたぐいだろうと考えた。そういえば子供のハナのことにも触れている。どの子もいわゆる「日本鼻汁《ばし》」を出していた。「私どもも、親からやかましくいわれながら、着物の袖口が光っていた」

全国を歩いたおりにも、柳田国男は子供の袖口に、何くわぬ顔で目をやっていたと思われる。辻川は旧道が十字路になったところで、柳田国男はくり返し、自分がそのようなところに生まれ合わせた意味を口にした。さまざまな人が通り、人とひとしくさまざまな情報が往きかいした。あきらかに純農村ではありえないこと。脇街道であれば記録されることは少なかったが、歴史がひっそりとつもっている。

「もし横丁か何かの隅っこにいたのだったら、私もこんな風な人間にはならなかったかもしれない」

明治二十年ごろには堰溝が埋め立てられて道路が広くなり、人力車の立場《たてば》が設けられた。六男は弟二人をつれて、やってくる人力車を見にいった。そのころ人力車の背中には美しい絵が描いてあって、それがお目あてだった。綱曳き後押《あとお》し付きの人力の背中は絵もみごとだった。兄の独断によると、末弟が早くに絵ごころをもち画家になったのは、あのときの体験が影響してのことだった。

「街道の思い出で、出雲から但馬《たじま》路を経てこの村を通過した国造《こくぞう》家（出雲大社の千家）を迎えたことがあった。生き神様のお通りだというので、村民一同よそゆきの衣装を着て道傍に並んだ。若い国造様が五、六名のお供を従えて、烏帽子《えぼし》に青い直垂《ひたたれ》姿で馬で過ぎていった時、子供の心に、その人の着物に触れでもすれば霊験が伝わってくるかのような敬虔な気になったようである」

その国造様の姿は、くっきりと少年の記憶にしみつき、知られるとおり「生き神様」のモチーフをとってくり返し戻ってくる。

小さな里は数軒ごとに字《あざ》があって、無数の地名がちらばっていた。少年がもっとも興味をそそられて覚えたのは「亀坪《かめつぼ》」だった。山の集落で、鹿や猪が出没する。

「小学校の休み時間の話題は、鹿を見たとか猪がとれたとかの話が中心だったように思う。亀坪などという山の方から通ってくる児童は誇らし気にそれを語り、われわれの村の者は、まるで洋行帰りの土産話でもきくかのように、目を輝かせて聞き入ったものである」

辻川から市川を少し遡ると山が左右から迫って急に川幅が狭くなる。「洗足《せんぞく》」とよばれ、「偉大なる毛脛が、山の上から川の中へぬっと突っこまれた」（『一つ目小僧その他』）といったことがまことしやかにつたえられていた。河童伝説とともに少年がもっとも早くなじんだ伝説であって、のちの地名の研究の際、たえず甦ってきた。意味もなくながめていただけであれ、水の流れがどこか遠くへ誘い出すことも、少年の感性ではっきり感じていた。それが遠い学問へと導いた。

「いづれも水流に関係があるのは、おそらく古代人の葬地に関する信仰が根底にあるところではなかつたろうか」

近所の同年輩の男の子をワキやんといった。よくいじめたそうだ。成人して北海道に赴いて産を成し、あるときクニヨハンを訪ねてきた。二人して昔話をしていると「自生のズズ玉の繁殖地」のことが出てきた。

「ワキやんとよくそれを採取して、首からジュズを掛けて遊んだことを思い出す」

柳田国男の読者ならズズ玉のくだりで、『野草雑記』の一節を思い出すはずだ。「狐の剃刀」の章に語られている。ふつう彼岸花、曼珠沙華などといわれるが、それは大人の命名。自分たちの郷里では、子供はこの植物について三つの名を知っていた。一つは狐の剃刀、次にはジュズ花、いま一つがテクサレ。ジュズ花というのは、この花の茎を折って数珠のように首にかけたからだ。女の子には天下一品のネックレスである。その名を採取していて、柳田国男は同じ言い方が「播磨一国」だけでなく、三河や石見《いわみ》にもあるのをたしかめた。

回想の「辻川の話」では、ワキやんとよくズズ玉で遊んだことで打ち切られているが、後半の「私の学問」に、あらためてくわしく語られている。

「ズズ玉をすぐ仏教の数珠に託してこの語の由来とする説は誤りで、仏教が普及する前からこの植物は知られており、ある宗教学者によれば、キリスト教の一部にも、シャアマン教のなかにも、これが早くから入っている。四国の近世方言ススタマ・スズタマ以前に、『和名抄』その他にもツシタマ・タマツシとあって、いずれも珠として用いられた痕跡がうかがわれるのである」

その珠が沖縄ではシシタマとして、糸を貫いて首からかけること。さらに古歌謡「おもろ」に出てくる「首飾りのツシヤ」を調べていくと、子安貝にいきあたる。

「宣徳九年（一四三四年）朝廷に輸送された琉球の貢物目録に『海巴五百五十万個』という膨大な数字が見えるが、南方交易にこの貝を使ったことがあって、南方における通商の花やかさが、その首飾禁止令によって支えられた時期があったのではないか」

思い出にこのような叙述が割って入った理由があった。聞き書き『故郷七十年』が進行していたころ、柳田国男は日本人の伝来について大胆な仮説をすすめていた。八重山諸島に多く産する宝貝を求め、南方より「海上の道」をたどってやって来たというのだ。宝貝、またの名で子安貝は南方では貨幣に使われ、文字どおりの「宝貨」だった。見えない糸をたぐり出すように考証をつづけていたさなかであって、「私の学問」の名のもとに、それが遠くワキやんのズズ玉にもつながることを驚きとともに確認した。

「『山の人生』という本を書いた時は、初めのうちは珍しい外部の事件を客観的に書いていたが、いつの間にか興味にかられて自分の、小さいころ経験した事柄まで書いてしまった」

『山の人生』で大きな比重を占めている「神隠し」のことである。七つ、八つから十歳になるころまで、何度となく神隠しの話を聞いたし、自分でも体験した。四歳のとき、昼寝からむっくり起きると、しきりに神戸に叔母さんがいるかと訪ね、そのうち外に出て、小一里もある遠方に行ってしまった。たまたま隣家の人がその辺りで開墾していて、声をかけ、つれもどしてくれた。

「もうちょっと先に行くか、また隣の親爺さんが畠をしていなければ、もうそれっきりになっていたに違いない」

二度目は十一歳のときで、母や弟たちと山へ茸取《きのこ》りに行った。山向こうから帰ろうとして、山を一つ越えたはずなのに、元のところにもどってしまった。

「私がよほど変な顔をしていたと見えて、母が突然私の背中をがあんと叩きつけた」

二つの体験が強烈に記憶にのこっていたせいだろう。のちに『山の人生』に、これが神隠しというものにちがいないと書いた。播州は神隠しの話の非常に多いところで、日暮れになると親は子供の勘定をして、「みんな揃っているかどうか」心配したというのだ。


柳田国男はひところ、日本人の婚姻問題について深い関心を寄せ、日本婚姻史といったものを考えていた。その水源をたどるようにして語っている。

「私が何故このように結婚の話をするか。じつは子供のころは、変わり目の時に住んでいて、よその人には気のつかないような経験をしているからである」

三三九度のお酌をする役を一年に二度させられた。男の子は五つ、女の子は七つにかぎり、「男蝶・女蝶」になる。女の子はお酌をするだけだが、男の子にはセリフがあった。よほど印象深かったのだろう、八十をこえた人が、手まねを入れて述べたものと思われる。

「二つの器に入った酒をあわせていっしょにして、またそれを分けてお酌の銚子二つに盛り分ける。それから杯の縁をコツン、コツン、コツンと三つたたくようにして酒をつぐ。すると新郎新婦がそれを飲んでしまうのだが、その時、島台といって巻スルメやなんかいろいろの肴《さかな》がおいてある台の上で、箸《はし》をもって左の魚を挟んで右へ、右のを左へちょっと移す真似事をしながら、『おさかなこれに』とその五歳の男の子がいうことになっている」

袴をつけた五歳の子がきちんとやってのけた。しめくくりがほほえましい。超人的なまでに記憶力を誇った人だというのに、ご褒美に何をもらったか、「それだけがどうしても思い出せない」というのである。

辻川の旧街道筋のまん中あたりに、長い土壁と、小屋根をのせた大屋根の豪家がある。裏手にまわり、鈴ノ森神社へ上がる高台からながめると、蔵をそなえた屋敷の大きさがひと目でわかる。旧田原村代々の大庄屋をつとめた三木家であって、故郷をめぐる聞き書きの話を申し込まれたとき、柳田国男がまっ先に思い浮かべた一つではあるまいか。十一歳のとき、一年近く三木家にあずけられ、そこの書庫への出入りを許された。ケタ外れの読書家柳田国男のはじまりであって、それは高等小学校の一年間にやしなわれた。

「私はこの三木家の恩誼を終生忘れることができない」

齢が近かった大庄屋の跡取りの思い出によると、当地では頭でっかちの福助さんのことを方言でシンパチというが、幼い国男少年は頭が大きくて、家では「シンパチさん」と呼んでいた。

「利口ぶった少年でした」

松岡家が家と土地を売り払って長男の学資をあみ出し、一家が隣り町北条に逼迫していた間のことである。柳田国男は自分でもいぶかしんでいる。

「虚弱でいたづらで、また小生意気な十二歳の少年が、どうして一年足らずでもこの家に預かつてもらへたのか、いま考へてみてもその動機がはつきりしない」

三木家に学問好きの当主がいて、特別に離れの二階が書庫にしつらえてあり、和漢の書籍、草紙類が四万冊にも及んだ。何かのことで先代が本好きの少年を知っていたのか。それとも貧乏学者の松岡家の逼迫ぶりに同情したのか。あるいはもっと別の理由があったのか。柳田国男自身はのちのちに、「学問への大きな愛情と、つぎには主人の判断を重視した前々からの家風であったろう」と考えることにした。『ささやかなる昔』によると、幼い食客は毎日のように二階に上がり、こちらの箱、あちらの棚と物色して気に入りそうな本を取り出す。草紙類の耽読中は特有のけはいがあって、階下の当主にもわかったのだろう。また悪い本をお読みでしたナ、とからかわれた。

「私の雑学風の基礎はこの一年ばかりの間に形造られた」

書物にとどまらなかった。食客の特権で、当主四十二歳の厄の祝宴を近くで見た。姫路から十二、三歳の舞妓がよばれていた。いたいけに舞い、踊るなかに、丸顔で背の小さい女の子がいて、いつもワリを食う役まわりなのを可哀そうと思って見ていた。宴はてのち、娘たちが奥座敷で遊んでいるのを少年はかいま見た。衣装をぬぎ、化粧を落としていた。丸顔の娘もいる。少年は恥ずかしくてならず、すぐに踵を返したが、「花やいだ記憶とともに、いくどか感傷めいて思い返される」というのだが、森鷗外ならば、自分の「ウィタ・セクスアリス」の冒頭に置いただろう。

十一歳の幼少体験を語る柳田国男は、おりしも海上の道に精魂を傾けていた。やさしい割れ目をもち、中が淡い薄紅色をした宝貝が仮説のきっかけになった。遠いはじまりと終わりとが、いかにも明治生まれの人の作法できちんと十字に結ばれたようではないか。

柳田国男は八十七年の生涯のあいだ、たえず少年のように初々しい好奇心を持ちつづけた。新しい学問をひらくにあたり、迷いもあれば試行錯誤もあった。野心もあったしプライドもあった。強さの反面で深く傷つきやすいところがあった。青年のころ「まどのともし灯」と題する恋歌の連作で文筆をはじめた人なのだ。儀式にのぞむ高級官僚の礼服の下に詩人の魂を秘めていた。

「海女部史のエチュウド」と題したエッセイが、『故郷七十年』に語られなかったことを告げている。現・福崎町からだと車で三十分も南に走れば、瀬戸内海に出るが、明治十年代には海までが異国のように遠かった。

「あまり笑われるから何とかして、海を見ようとしたのが十歳の春であった」

チャンスがめぐってきた。大人たちが山遊びをするというので一行についていった。雨乞いのときに松明《たいまつ》をともして登る山で、そこからだけ海が見える。岩の端に立って目をこらしたが、春霞のせいで市川の河口近くはボーとけむっている。その中に小さな山が二つあって、島だと教えてくれたが、ただ藍《あい》がかった一面の灰色があるばかり。

「海の風は毎日のように吹いてくるのに尚一生海を見ずに村で終る者も多かった。出世をせねばならぬ。そうして海を見てあるこうと思った」

田舎の少年の「出世をせねばならぬ」と詩人の魂が寄りそっている。高級官僚の礼服がよく似合うのは、少年の夢の実現でもあったからだ。少壮の法制局参事官が書いた『最新産業組合通解』(一九〇二年)から八十五歳のときの『海上の道』(一九六一年)まで、この人の仕事は定規をあてたように美しい直線を描いている。

官を辞してのち旅に明け暮れた。土地の人々と撮った写真では、いつもまん中に腕を組んでゆったりすわっている。いわば家長の姿勢であって、新しい学問をひらくにあたり、全国の同好の士をつないでいった組織者としての人物像が見てとれる。

一般には、柳田国男というと『遠野物語』が言われるが、この人の仕事のなかでは三十代のほほえましいエピソードにとどまるのではなかろうか。あの独特の語り口は、早くに故郷の言葉を失った者にのみできた文学化というものだ。二度とできず、また同様の素材は無数にあったのに『遠野物語』は二つとあらわれなかった。

柳田国男は「史心」と「史力」といった言葉をあてた。モノごとの起源に立ちもどる心と、証拠をあげてそれを説明する力である。厖大な記憶の公開を乞われたとき、自分を素材に史心と史力をためしてみるなんて、なんと若々しい試みをしたことだろう。ごく小さな辻川文化史にひそんでいた歴史の地層、宗教的習俗の意義、命名と新しい言葉の問い直し、家族、女性、子供の歴史……。福助のように頭の大きな少年に戻ったとき、まさしく自分が打ち出した学問を実践していた。終章で「筆をおくに臨みて」のおしまいに、「児童の印象の至って気まぐれ」なことに触れ、ときどきまちがいをしたが、あとでわかって快く訂正できるからまちがいはたまにあってよいのだと述べている。あざやかに柳田学を要約して終わりにした。

池波正太郎

ポテ正

時代小説のブームがいわれたのは昭和三十（一九五五）年代のことである。五味康祐《こうすけ》の『秘剣』『柳生連也斎』をはじめとして、川口松太郎の『新吾十番勝負』、山田風太郎の『甲賀忍法帖』、戸川幸夫の『戦国悪党伝』などがあいついだ。子母沢寛の『からす組』や松本清張の『無宿人別帳』、司馬遼太郎の『梟の城』などの秀作が生まれた。柴田錬三郎が評判の『眠狂《ねむり》四郎』シリーズをつづけていた。

ブームは時代と深いかかわりがある。それはひそかにタネを受け、発酵して、ある日、ある人物の姿をかりておどり出る。スター性をもった特定の人物であって、候補者が何人いたとしても、象徴的な役割をになうのは一人だ。昭和三十年代にその役割をになったのは、〝シバレン〟こと柴田錬三郎であり、人気シリーズの主人公の眠狂四郎だった。作者自身、ニヒルな剣士的風貌をもち、そのシバレン先生が不良っぽいくわえタバコをすると、市川雷蔵が演じた映画の眠狂四郎に劣らず、シックな華やぎがあった。

「道康は、首を擡《もた》げて、振り返った。

その刹那——。」

（「天皇屋敷」）

「暖簾《のれん》をわけて、一歩入った――その時から、この男の運命は大きく狂った」(「刺客心中」)

「凶変は、ごく瑣細なことに端を発した」(「異変助太刀記」)

十三歳の少年の足がついうっかり、畳に横たえてあった気短な家老の三尺余の長刀にふれた。あいにく大鍔《おおつば》の刀であったために「ころりと一回転」した。たまたま足が刀にあたったために、とり返しのつかぬ悲劇が起きる。

時代小説家柴田錬三郎は、「刹那」という言葉を愛用した。また「一瞬」を好んで用いた。一瞬にして人生がガラリと変わる。さらに何げない「一歩」が運命の分かれ目になった。ほんの偶然、ちょっとしたはずみ。次の刹那に予期せぬことが出来する。

それは突然、やってくる。突如として人をみまい、不意にあらわれて人生を大きく動かし、とともに、次の瞬間には消え失せ、もはやあとかたもない。たしかに起きたことなのに夢としか思えない。

シバレンの人気シリーズ眠狂四郎の背後には、あきらかに焼け跡・闇市があった。戦争の記憶が色濃く影を投げかけていた。理不尽な力に翻弄される。偶然が生死をきめ、一瞬の判断が生死を分けた。生きのこったのも、ほんの偶然のこと。気がつくと期せずして気まぐれな時代の罪業を一身に背負っていた。気がついたときは、すでに人生のクジをひいたあとのまつり。ストーリーの自由自在さ、デタラメかげんは時代の姿そのものだった。そもそも「眠」「狂四郎」などのすっとん狂な名前の持ち主が大手を振って活躍できたのは、タガの外れた時代のあと押しがあってのことではなかろうか。

池波正太郎《いけなみしょうたろう》の鬼平シリーズの連載が始まるのは、昭和四十(一九六五)年代のはじめである。こちらの主人公は長谷川平蔵などと、いたって平凡な名前の持ち主だった。火付盗賊改方《あらためかた》の御頭《おかしら》という職務。江戸幕府の数ある部局のなかでも陽のあたらない地味な役まわり。とりわけたちの悪いアウトローに、五十人ばかりの与力、同心を束ねて立ち向かう。警察畑の現場の管理職だった。長谷川平蔵は江戸半ばに実際にいた人物で、当人の書いた文書ものこっている。

「おそれながら申し述べたてまつる」

上司に案件を提出するときの定式のフレーズである。寛政元年(一七八九)、ときの老中・松平定信に建言した。凶作うちつづくなかに窮民が乞食となり、はては無頼の徒となって犯罪に走る。ついては無頼に落ちる前に引きとめて、手に職をつけさせるのはどうだろうか。

現場勤めの警察官僚は世の中の動きをよく見ていた。江戸市中、ホームレスの増加は大きな社会的変動の前兆であって、流れ自体はせきとめられないまでも、小さな芽は未然につみとれないでもない。そのために一つの方策がある。長谷川平蔵は更生施設用の場所まで提案した。隅田川河口に湿地がひろがっている。これを「築立て（埋立て）」れば、手ごろな島になる。幕府は提案をとりあげて予算をつけた。かくして石川島に人足寄場《にんそくよせば》が誕生。長屋のような建物で、収容者は髪結、草履、縄細工、大工、左官、米つきなどの研修を受ける。長谷川平蔵は火付盗賊改方に加えて人足寄場の取扱を申し渡された。ただでさえ忙しいのに、更生施設の監督までしなくてはならない。

「つくづくと、ばかばかしく思うのだよ、久栄《ひさえ》」（『鬼平犯科帳』より「礼金二百両」）

疲れて帰ってくると、つい女房相手にボヤきたくなる。このように一所懸命にはたらかなくてもいいのだ。適当に任期をつとめて、おつぎと交替すればことはすむ。こう忙しくては、いのちがもたない。

「では、よい加減にあそばしたなら、いかがで……」

会社の働き盛りの幹部とそっくりである。たまに妻とさし向かいの夕食のとき、働きバチの日常をこぼしながら、ではほどほどにしたらと女房に言われると、がぜん雲行きがかわってくる。

「できれば、な……。だが、どうもいけない」

「なぜ、いけませぬ？」

「この御役目が、おれの性にぴったりはまっているのだ。これはその……まことにもって、困ったことだ」

ほかの誰がやっても、自慢じゃないが、自分ほどにはとてもできまい――。こぼしていたのが仕事人間に早変わりして、いつしか自慢ばなしになり、そのうち水割りコップを握ったまま寝てしまう。

「ずいぶんとねむったものだな」

妻に起こされて、われながら驚いた。「ものも食べず、用もたさずとはなあ……」

この手の管理職は、何かあると部下に昔ばなしをするものだが、鬼平部長も同じである。深川見廻りの若い同心に、やおら深川蛤町のうどん屋豊島屋のことを言い出した。そこで出す「一本うどん」のこと。せいろふうの入れ物に、親指ほどの太いうどんが盛ってある。冬はあたため、夏は冷やして、箸でちぎりながら濃目の汁《つゆ》をつけて食べる。「おれが、本所・深川で悪さをしていた若いころは、三日にあげず、あの一本うどんを食いに行ったものだ」（同「掻掘のおけい」）

この平蔵は五味康祐の一刀斎や柴田錬三郎の狂四郎と、まるでちがうのだ。彼らが刹那や一瞬の意識にせかれ、夢見るようにして破局へと駆け出して行ったのに対して、こちらは管理社会のなかのリチギなリアリストである。焼け跡・闇市世代のあとに到来した管理社会とピッタり呼応していた。『鬼平犯科帳』がほぼ十年の長きにわたり人気シリーズとしてつづいたのは、時代は江戸であれ、そこにイキのいい現代があったからだ。原寸大の現代があり、頭にチョンまげをのせていても、現代の映し絵のような現代人がいたからである。

池波正太郎は大正十二年（一九二三）、東京・浅草の生まれ。大正十二年は関東大震災の起きた年で、九月一日、首都圏一円が大きく揺れ、ついで大火にみまわれた。池波家も浅草の家を失い、埼玉の浦和に移った。六歳までそこで過ごし、昭和四年（一九二九）、東京にもどって、はじめは根岸、ついで両親の離婚にともない、浅草の母親の実家に引きとられた。のちの時代小説には、これは大きな意味があった。祖父が芝居好きで、つれられて従兄らとともに映画や新国劇を見てあるいた。とりわけ新国劇に感動した。十歳のときの思い出として、ある日、舞台から発散する「熱気の激しさと強さ」に呆然としたという。「後年の私を劇作家にさせた一日」と述べている。屋台の牛飯屋に開眼したのも祖父につれられてのこと。のちの食い道楽のタネがまかれた。

昭和十年（一九三五）、小学校を卒業。現物取引所、ついで株式仲買店に小僧で入った。数えで十三歳だった。直木賞を受賞したとき、経歴に「小学卒」とあり、また三十代後半の受賞もあいまって、早くから世にもまれた苦労人のイメージが定まったが、実際はそうではなかった。

当人が東京・下町の暮らしを語ったなかで、こともなげに述べている。父親がいなくて女手で育てられたが、そうした女はまわりに無数にいたし、小学校の義務教育を終えると、当然のこととして世の中へ出ていった。小学卒の経歴は「当り前のこと」であって、男の子二人の教育費など、「暮しのさしさわり」はいっさいなかったと、母親の言葉を引いている。「下町点描」で語っているが、幼くして自立してはたらいている見本なら、身近にいくらもいた。

「私が子供のころ、浅蜊は買いに行かなかった」

向こうから荷を担いで売りにくるのだ。河竹黙阿弥の「鼠小僧」の芝居に出てくる「蜆《しじみ》売りの三吉」のような少年が、大きな笊《ざる》を担いで売りにくる。売り声を聞くと、祖母なり母なりが、筒を手にして台所から駆け出していく。それが味噌汁や、葱《ねぎ》と合わせ、酢味噌で和《あ》えたヌタになった。

「浅蜊のむき身を繊切《せんぎ》りにした大根と、たっぷりの出汁《だし》で煮て、これを汁と共に温飯にかけ、七味《しちみ》トウガラシを振って、ふうふういいながら食べるのは大好きだった」

すでに鬼平の世界である。

勤め先の株式仲買店は、はじめは茅場町にあった。そのあと兜町の店に移った。小僧は雑用係であって、ちょっとした買い物、書類の届け、用たし、株券の書き換えなどで日本橋界隈から丸の内を自転車で廻る。そのころ、店員正太郎は「ポテ正」と呼ばれていた。小銭をためてポテト・フライの店に行く。辛《から》いソースをたっぷりかけ、生キャベツをそえてかぶりつく。食いざかりには、安くて旨くて栄養がある。ポテト・フライばかり食っている正太郎だから「ポテ正」である。

むろん、少年は大人たちにはそんな姿を見せながら、ちゃっかりとべつの食べ物にもありついていた。ひそかに客筋の便宜をはかると小遣いがもらえる。ほかにも金まわりのいいときがある。

「証券取引」というと、ものものしいが、英語に直すとストック・エクスチェンジ（stock exchange）である。ストックは「貯えがある」というときのストック。東京証券取引所は、トウキョウ・ストック・エクスチェンジ。同業者がストックしているものを交換するところ。正どんは見よう見まねで取引を覚え、よその店でこっそり相場を張っていた。

「私が株屋の店員になったころは、この鎧《よろい》橋の鉄橋を毎日のように渡ったものだ」

本来の勤め先には用のない橋であって、渡ったのは蠣殻《かきがら》町へ行くためであり、そちらの店でこっそりストックのエクスチェンジに参加する。「毎日のように」とあるから、けっこう精を出したのだろう。目端のきく小僧には当然のアルバイトであり、ハナ垂らしのころ、メンコやビー玉を取り換えたぐらいのことだったのではあるまいか。

思わぬ実入りがあれば、いつまでもポテ正でいたわけではない。からだのわりに大きな鳥打帽をかぶった少年が、モナミのカレー・ライス、資生堂のチキン・ライス、「天國」の天ぷら御飯や、金五十銭也のお刺身定食を食べていた。

池波正太郎が「株屋」の世界にいたのは、昭和十年から六年あまり。十二歳から十八歳の青年になるまでのことだ。日本が泥沼のような日中戦争に深入りし、国全体が愛国主義、国家主義に覆われつくす瀬戸ぎわだった。美濃部達吉の天皇機関説が告発された。東北地方の凶作で子女が売られていく。二・二六事件が起きて、重臣らが殺された。阿部定《さだ》事件が世を騒がせた。軍需品工場の人手不足で、卒業前の小学生が動員された。国家総動員法発令。戦時体制により東京オリンピック中止。子供雑誌の付録が全廃された。六十九連勝中の双葉山に土がついた。電力節約のためネオンが街から消えた。国民精神総動員本部が、「贅沢は敵だ」の立て看板を東京市内に配置、盛り場にぜいたく監視隊が出動した——。

そんな時代だった。池波正太郎はつつましく、この間に見聞きしたイヤなことは、ほとんどといっていいほど語っていない。煙草を「十六ぐらいから公然と吸うようになった」と述べたあと、未成年の酒、煙草はきびしく取り締まられ、路上でくわえ煙草をしていると交番へ引き立てられたが、自分はいっさい免れていたという。なぜか？「子供のころから老《ふ》け顔で、十六、七ともなれば二十三、四に見られた」からだ。

「この老け顔のために、私は、いろいろな意味で、どれだけ得をしたか知れない」

それに加えて帽子が役に立った。ソフトをかぶっていれば、十八、九が二十四、五に見られる。「もともと老け顔のせい」もあった。

あわただしく上下動をくり返す株の世界にいれば、いやでも人の浮き沈みを見てしまう。運不運は日常茶飯事で、昨日は栄華を誇った人が、一夜明けるとスッカラカン。いつもは慎重な人が、魔がさしたのか、強気で押して大ヤケド……。大人よりもはるかに正確な目で、少年は株式仲買の日常をながめていた。金融の約束が義理、人情をもつれさせるのを目のあたりにしていた。そういったことも、ほとんど語っていない。ただの紙キレが強大な商品になる取引は、資本主義の砦であるとともに、つまるところ、システムだけで成立した社会的虚像にすぎないことをよく知っていた。だからそのなかで親しく見聞きしたこと一切をドブに捨てるようにして述べている。当時のすべては「何事もつまらぬことばかりで、自分の日常が『社会』につながっていることは何一つつない」のだった。だからこそだろう、「贅沢は敵だ」の立て看板を横目で見ながら、ひたすらレストランの味くらべに没頭した。世の見方、人の見方がひと味ちがうのだ。

昭和十六年(一九四一)十二月、日米開戦の臨時ニュースが流れるなか、十八歳の池波青年は八重洲口のレストランへ行って、ビールに牡蠣フライ、カレー・ライスの食事をとった。それから映画『元禄忠臣蔵』を見た。翌年、国民勤労訓練所に入る。ついで芝浦の萱場《かやば》製作所に入所、旋盤機械工になった。

直接、見聞を語っていなくても、当時のエピソードを通してうかがうことはできる。兜町時代の「同業で同年の僚友・井上留吉」のことは、おりおりエッセイに顔を出した。

「株屋にいたころ、僚友・井上留吉と私は、神田や上野の寄席に行く前に、よくこの〝ぼたん〟へ来て鳥鍋を食べたものだ」

池波正太郎はいつも神田連雀町《れんじやく》（現・神田須田町一丁目・神田淡路町二丁目）といったが、その一角にはいまも風変わりなエリアがある。道路をはさみ、風格のある古い店がのこっているのだ。あんこう鍋の「いせ源」、鳥料理の「ぼたん」、汁粉の「竹むら」、ソバの「藪蕎麦」。江戸・明治にタイムスリップしたような小さなエリアで、たしかにここは旧名が似合っている。荷物を背負う道具に「連尺《れんじやく》」というのがあって、それをつくる職人が多く住んでいたところから連雀町。自分が旧名を使うのは「ひとえにむかしの東京をなつかしむがゆえ」と述べているが、やんわりした言い方で役所による傍若無人の地名改正をたしなめたまでだろう。

その鳥料理の店で大喧嘩をした。原因は僚友・井上留吉にかかわることとだけあって、くわしくはわからない。留吉は実名としたら末っ子だろう。子沢山に親がウンザリして、もう子づくりは留《と》めたいと念じた上の留吉である。きかん気の末っ子タイプで、喧嘩っぱやい。

〝ぼたん〟は池波流にいうと、「見栄も体裁もなく、うまい鳥を客に安く食べてもらおうという商売」の店で、庭に面した座敷に朱塗りの箱火鉢が並び、備長の炭があかあかと熾《おこ》っている。鳥鍋をつつき、酒を飲み、たらふく食べても驚くほど安い。

喧嘩の顚末だが、相手はみるからに荒っぽい助っ人二人をつれて乗りこんできた。そのとき、若い両名は箱火鉢の前で、「顔を見合わせたかどうか、それをおぼえていないのだが……」

それほどピタリと息が合って、一瞬で判断を下したということだろう。あとは勢いの赴くままに、つぎつぎと手を打っていく。つかみかかってくる相手に対して、箱火鉢の鍋をつかみ「胸もと（顔へではない）」へ放り投げた。カッコの中が判断の大切なところである。ひるんだすきに三人を突き飛ばして廊下に走り出た。

「こういうとき、あずけてある履物のことや、勘定のことなどに気をつかっては、すべてに遅れをとってしまう」

廊下から玄関、そして門のところへ走り出た。その際、捨てゼリフを忘れない。

「間ぬけめ。一昨日《おととい》来い！」

助っ人二人がすっとんでくるのを、塀の外に留吉が待ちかまえていて、大きな塵取《ちりと》りで横なぐりに殴りつけた。相手がふらふらになったところへ、駆けもどってきた正太郎がポカポカ殴りつける。そのあと、一目散に万世橋のたもとから淡路坂をかけのぼってお茶の水に出た。数日後、張本人が〝ぼたん〟へ出向いて、勘定と、しかるべき損料を払った。あざやかな喧嘩作法が見てとれる。要するに「遅れ」をとってはならないのだ。「にぎやかにやって、手っ取り早い」のをよしとする。陰気で、ネチネチしたのが、もっともいけない。青年が身におびた喧嘩作法は、株の世界の極意でもあったのではなかろうか。

池波正太郎については、これで終わってもいいのだが、念のため『鬼平犯科帳』から、もう一つを見ておこう。弥市という一膳めし屋の亭主が出てくる。所は下谷・坂本町。このとき弥市はちょうど、その日の仕込みを終えて、表へ出たところだった。

「その男の顔を見たとき、さすがに胸がさわいだけれども、あわてて顔を隠すようなまねはしなかった。

そのとき……。」

弥市と同年輩の三十男。小さな荷を肩にかけた小商人《こあきんど》の風体。すっと前を通り抜けながら、弥市の耳元にささやいた。

「青坊主の、ひさしぶりだねえ」

そのとき、弥市はおもわず店の方を振り返った。女房が使い走りの小娘に冗談を言ったのだろう、二人して声を立てて笑っている。板場の手伝いが包丁を使いながら何やら言った。四つになる一人娘が母親の膝に甘えかかっている。

「弥市にとっては、何物にもかえがたい、ささやかでも、労働の活気と安息にみちみちた幸福な家庭なのだ」

耳元でささやいた男が何ものか、弥市はとっくに気づいていた。乙坂《おとさか》の庄五郎といって、むかしの盗賊仲間のひとり。

時代小説家池波正太郎は、独特の書き方をした。それ自体は何でもない、ほんのちょっとした一語である。とりたててどうということもないしろもので、読者は気づかない。読んだことすら覚えていない。ただ無意識のなかに残像のようにのこっている。

「そのとき……」

この一語なのだ。作者が何を言うつもりなのか、さしあたりよくわからない。唐突にまじりこんだようでもあれば、なくてもかまわないふうにもとれる。だが、なくてはならない一語である。出会いの一瞬の「そのとき」であるとともに、やっと築き上げた幸せが、やにわにゆらぎ出した「そのとき」でもある。予感が走って、運命がゆるりと動き出す。

いや、まだ一寸たりとも動いていない。運命が分かれるのは、ずっと先のことだ。むかし仲間に誘われても、断ることができる。ずっと前に足を洗った身であれば、断乎として断ることができる。そのはずである。

しかしながら、それがとうてい不可能なことも、当人がよく知っている。運命を避けて通るなど、どうしてできようか。もう判決が下ったのだ。ひとたび「そのとき」が訪れると、もう二度と「そのとき」以前にもどれない。初冬の弱い陽ざしのなかで耳元にささやかれたとき、判決が下された。物語が動き出す。だから当然のように、次の一行が引きつづいた。

「弥市は思いきって庄五郎に近づいて行く」

幸福な家庭が、積木のように崩れていく。それは仕方のないことなのだ。人生とは、そういうもの。この世に生きるとは、そういう約束に従うこと。

そんな道学者めいたことはどこにも書かれていないが、しかし、きちんとわかる。池波スタイルの力だろう。小説に先立ち芝居の世界にいた人のスタイルである。極力言葉を節約して、黙ることによって語らせる。無言のうちに予感させ、黙ることによって明瞭に語らせる。

正確にいうと、『鬼平犯科帳』は昭和四十二年（一九六七）に連載が始まって、昭和五十一年（一九七六）に終了した。「所得倍増」を合い言葉にした経済の高度成長まっ只中のことである。物量のあふれ返る時代の到来のなかで、池波正太郎は節約の文体で一世を風靡《ふうび》した。切りつめるだけ切りつめた語り口で、破局へと走りこむ人間をえがいた。最小公倍数の一語が催眠術師的な効果をもつことを、「ポテ正」はよく知っていた。

藤原義江

ポケットに小石

下関市の関門海峡を見下ろす高台に古風な洋館風の建物がある。すぐ前は芝生の庭につづき、庭のまん中にNSEWのついた方角指示標が立ててある。指示標の上が二段になっていて、それぞれにつぎの文字盤がとりつけてある。

漂泊者のアリア

THE LAST RECITAL JUN. 1959

よく見ると二段目に、影絵を切り抜いたような銅板の人物像が立ち、LAST RECITALに向かって手を差しのべ、胸をそらしている。歌手が朗々と歌っているときのスタイルである。方角指示標をかりた記念碑であって、いかめしい石づくりではなく、鉄の棒と文字盤と銅板とを組み合わせ、高々と上空に差し上げた。澄んだ歌声が大空に、また眼下の海にひろがっていく。顕彰碑は全国にごまんとあるが、下関の藤原義江《ふじわらよしえ》記念館前庭のものは、とりわけおシャレでユーモラスだ。

洋館風の建物は、昔から「紅葉館」と呼ばれてきた。一階が資料室で、オペラの公演ポスターやレコード、衣装などが展示してある。古くからの藤原義江ファンが友の会を組織して運営している。オペラのテノールだったが、日本の歌もよく歌った。「今宵出船かおなごりおしや」――「出船」を高らかにオペラ調で歌える人は、レコードか何かで聴いた藤原義江をまねているわけだ。

十代終わりのころ、来日歌劇団の公演を見てオペラ歌手を志した。二十歳のとき、浅草オペラでデビュー。その後、オペラの本場イタリアへ渡り、フランス、イギリス、アメリカと、十数年にわたって武者修行兼公演稼ぎをつづけた。おりおり日本に帰ってきて、日本の歌を歌った。愛称が「われらのテナー」。日本人ばなれした風貌で、体軀は西洋人そのまま。ハンサムで、気っぷがよくて、女性に親切なので、よくモテた。昭和三年（一九二八）八月、三井財閥元老の娘で、医学博士夫人だった人が、離婚してミラノのテナーを追っかけた。門司港から郵船鹿島丸で旅立つさまが「恋の船出」として大きく新聞に報じられた。

昭和九年（一九三四）の帰国後、藤原歌劇団を結成。「ラ・ボエーム」を幕明けに、つぎつぎと本格的グランドオペラを日本に紹介した。軍国主義から戦争へとなだれこむ時代であって、そのなかで西洋モノを上演するのが、いかに勇気のいることだったか。勇気だけでなく資金もいる。やっと戦争が終わっても敗戦国ニッポンはきわめつきの貧乏国で、オペラなど高嶺の花というものだった。駆けずりまわって資金を集め、公演にまでこぎつけても、幕を明けられるのはほんの数日で、あとには借金だけがのこった。

晩年はパーキンソン病を患って車椅子生活になった。最後のリサイタルが一九五九年とすると、十七年に近い闘病生活があった。その間にも車椅子ながら、白いシャツにフロックコートの正装でステッキをたずさえ、誇り高く劇場のフロアにあらわれた。


日本人ばなれした風貌だったのは当然で、父はスコットランド生まれのイギリス人。貿易商として来日し、高台の紅葉館は彼の商館で、イギリス領事館を兼ねていた。母は下関の色街で知られた芸者だった。二人のあいだに男の子が生まれ、「義江」と名づけられた。このとき、父ネイル・ブロディー・リード、二十八歳、母坂田キク、二十三歳。

リードはグラスゴーの大学を出て外交官を志したが、同郷人に誘われて貿易業に転じた。リード総支配人をいただく瓜生《うりゅう》商会は、下関海峡の連絡船が発着する桟橋近くにあって、二階建ての社屋には、リードを含めてイギリス人四名、日本側は日本人支配人ら十五名。扱うのは主に石炭だったが、船舶保険や沈没船引き揚げといった業務も扱った。ひところイギリス領事館が置かれていたのは、イギリス資本が進出していく基地のようにみなされていたからだろう。

来日して間のない独身者リードは、同僚の手引きのままに色街に通い、芸者キクと親しくなり、翌年、妊娠を告げられた。若いイギリス知識人は、ただオロオロして自分の「不始末」を悔やんでいたようだ。このような場合のおさだまりだが、色街に根を張ったワケ知りが乗り出してきて、しかるべく取りはからう。若いイギリス人を脅しつけて法外な手切れ金を巻き上げ、女には因果を含ませて下関から立ちのかせた。リードは一時帰国して、ほとぼりの冷めたころに復職。この間に母と子が下関を立ちのいたと聞いて、多少の後悔はあったかもしれないが、ともかくも大金を渡している。母と子はどこかで安穏に暮らしているものと思っていた。「ネコババ」といった言葉を知らない身であれば、仲介の男が手切れ金を、そっくりふところに入れたなどと夢にも思わなかった。

紅葉館前庭のおシャレな記念碑に見る文字盤「漂泊者のアリア」は、下関生まれの作家古川薫の著書のタイトルである。山口新聞編集局長を経て著作活動に入り、直木賞候補になること十度。平成二年（一九九〇）、やっと藤原義江の生涯をたどった『漂泊者のアリア』で念願の受賞を果たした。若いころの遍歴だけでなく、「われらのテナー」の人生そのものを「漂泊者」としてとらえている。伝記風の小説は、十一歳の義江がひとりで父親に会いに大阪から下関へやって来て、すげなく追い返されたエピソードから始まっている。

「石段を降りる前に、ふとベランダを振り仰ぐと、父親であるべきその人が、無表情に義江を見下ろしていたが、視線が合いそうになると、慌てたように姿を隠した」

こういったこまかなシーンは想像による補いだろうが、作者が断っているとおり、「あくまで事実を基にしたフィクション」であって、経過そのものは、さまざまな資料によっている。それにつけても主人公の成人に達するまでの有為転変ときたら、いうべき言葉がないだろう。それはもう「漂泊」といった生やさしいものではなく、どこであれ、もてあまされたのが、風の吹くまま吹き流されていた。まわりの日本人が、こぞって少年の青い目と高い鼻と白い肌をとらえ、自分たちの当然の権利のように蔑《さげす》みをこめてのこと。藤原義江は明治期に生きた日本の子どものなかで、もっとも過酷な少年期を送った人だった。姓にしても、「藤原」はたまたまくれてやる人がいたのでついたまでで、飼主がかわって犬の名前がかわるように、ある日突然、見知らぬ姓になっていた。のちの藤原歌劇団は、まるきりちがった歌劇団を名のっていても少しも不思議はなかったのである。息せき切って近代化に邁進していた明治ニッポンが、いかに島国人種の偏見と差別感そのままに弱者をいたぶっていたかが見てとれる。

明治三十一年(一八九八)義江誕生。母坂田キクは下関の花街の琵琶芸者だった。三味線がおなじみの芸者稼業にあって琵琶を弾くのは珍しい。いつ、どこで筑前琵琶を習ったのかわからない。水商売の女性のおおかたがそうであったように、来歴そのものが、ほとんどわかっていないのである。

キクは肌は浅黒いが目鼻立ちのととのった、うりざね顔の美人だった。さらに琵琶ができる。

下関から立ちのきをいわれたとき、彼女はそれなりに生きていく道筋を考えていたのだろう。九州へうつり、若松、博多、別府と渡り歩いた。乳飲み子をかかえながらも琵琶の稽古に励んだのは、琵琶の腕を上げれば道がひらけると考えていたのかもしれない。「平家物語」が九州では好まれないとわかると、河竹黙阿弥の歌舞伎狂言からつくられた難曲「明智左馬之助湖水渡《あけちさまのすけこすいのわたり》」を一心不乱に稽古した。

幼な子は琵琶の音色と、若い女のひとり語りを子守歌にして育った。子づれ芸者のいた環境はひどいものだったが、のちのテノール歌手をやしなうには、得がたい音楽的条件がそなわっていたとも言えるのだ。

明治三十六年（一九〇三）義江、五歳。若松の石炭問屋に預けられる。

混血の子づれ母子が困窮していることを瓜生商会の者が聞き及び、父親リードには知らせず、子どもだけの面倒を見ることを取りはからって、取引先の石炭問屋に押しつけた。翌年、少年は大分県国東《くにさき》半島の寺にうつっている。寺が小僧を求めていると知って、石炭問屋が渡りに船と厄介払いをしたのだろう。西林寺といって国東町田深（現・国東市）の海岸近くにあり、宗旨は浄土宗。住職赤松恵順はその子の頭をクリクリ坊主に剃り上げ、「孝順」の名をつけた。青い目の小僧は和尚の読経に合わせて木魚を叩くだけだが、お経独特の節まわしを全身で聴いていた。

義江が国東町へきたころ、母キクは半島入り口の杵築《きつき》町（現・杵築市）で料亭の住みこみ芸者をしていた。それと知らず母と子は、肩を寄せ合うような位置にいた。

寺の小僧は、少年には気に入っていた。海に近くて境内は広い。遊び場に打ってつけだし、物覚えがよくて、耳で覚えたお経を澄んだ声で読む。檀家で可愛がられるようになると、逆にそれを面白く思わぬ人も出てきた。その言いぐさが、「目の青い小坊主に拝まれるとバチが当たる」。言いふらす者、同調する者があらわれて寺がもてあまし、近くの母のもとへつれてきた。幸せな小僧時代は一年足らずで終了。

杵築は杵築藩三万二千石の城下町で、二つの台地にはさまれ、その谷間に商家が集まっていた。キクが身を置いていた料亭は旭楼といって、北の台地の斜面にあり、三階建てだったところから通称「三階」と呼ばれていた。

旭楼主人藤原徳三郎は、送られてきたその子をいやがらなかった。人気芸者を失いたくないという気持ちもあったのだろう。いつまでも「父《てて》なし子」ではかわいそうというので、認知を買って出た。

明治三十七年（一九〇四）義江、藤原の姓を受ける。六歳にしてようやく日本国籍を得て、一人の人間として社会的に誕生した。役場の戸籍係に出生の日を問われ、母は口ごもった。暑い日だったような気がしたが、思い出せない。かたわらの三階さんがこともなげに「十二月五日」と助言したので、オペラ歌手藤原義江の誕生日は「明治三十一年十二月五日」と定まった。あとになってキクは義江の誕生は七月十三日だったことを思い出した。しかし、その後に出てきたヘソの緒には「八月二十一日」と書かれていた。

明治三十九年（一九〇六）藤原義江、水野義江となる。杵築町の鉄工所経営者、水野松次郎が引きとり、養子縁組をしたからである。この顚末については、『漂泊者のアリア』にくわしい。異風の子をつれた琵琶芸者のことが界隈に知れわたり、物好きな客がその子を酒席に呼んだ。おりしも日露戦争の最中で、義江が透き通った声で「ここは御国を何百里」と歌うと、酒席がしずまり返って聴きほれた。少年は芸者たちが稽古するお座敷歌なども聴き覚えていて、それをあどけなく歌って、ヤンヤの喝采をあびた。小テナーの生涯最初のアンコールである。

ある晩、遅くに始まった宴が深夜近くに盛り上がり、酔っぱらった男が「あいのこを呼べ」と、しつっこく言い張った。眠りこんでいた少年が揺り起こされ、着換えをして、眠そうな目をこすりながら歌おうとしたとき、荒々しく席を立って少年を抱き上げ、怒鳴りつけた男がいた。

「この子は、見世物やない！」

作家がいきいきと、小さな町の人間模様を描いていく。初老の鉄工所経営者で熱心な金光教信者には、青い目の少年を見世物にする同業者が許せない。さっそく楼主に話をつけた。水野家には子どもがなく、養女を家に入れていた。妻は養女を溺愛している。そこへ夫が素性の知れぬ芸者の子をつれて帰り、養子にするという。悶着が起きないはずはない。

養子の手続きのすすむ前のことだが、義江は新しい養父の世話で杵築尋常小学校に入学した。一年遅れだったが、少年には学校がうれしくてならない。澄んだ声で軍歌を歌う。ハーモニカを上手に吹き鳴らす。いつもひもじい思いをしていたのに体格は抜群で、運動会ともなると年上の子を凌駕する。

さっそくいじめが始まった。偏見は教師側にも及んで露骨に出てくる。「そのころの義江は、いつもポケットに石ころを隠していた」。

数人がかりで石を投げられると、ポケットの石を投げ返した。石が命中して学校で大問題になった。迫害する多数者への孤独な戦いが、凶悪な行動とされ、一方的に悪者にされる。

「苛められる義江が無気力に屈伏していれば、彼らは満足したのだろうが、あくまでも反抗する」

ますます意地悪の度が増し、義江はさらに抵抗した。因襲のよどむ小さな城下町に、異端児の居場所はないのである。そして明治期を通じて、日本国中がほぼ小さな城下町だった。

明治四十二年（一九〇九）義江、杵築を出て大阪へ。

キクが大阪北新地の検番と話をつけた。久しぶりに母子がいっしょになって大阪へうつり、曾根崎に家を見つけた。母キク、三十四歳、その子十一歳、尋常小学校四年修了。戸籍を水野家に置いたままで、以後十年あまり水野義江のままだった。

尋常小学校の四年を修了していれば、当時にあってはすでに一丁前の働き手である。母はそれ以上学校にやる気はなかった。梅田駅近くで畳屋をしているキクの伯父が預かることになり、ついては働き口を見つけてくる。つづく一年たらずの職歴は次のとおり。

外国人経営のロイヤル・ブラッシュ社給仕
質屋の住み込み丁稚
渡辺橋東詰の帽子屋
天理教教会の給仕
今橋の貿易会社サミュエル商会ボーイ

給仕、丁稚、ボーイと名称はちがうが、少年にできることといえば走り使いと雑役である。個人商店の丁稚には子守り役がつきものだった。

どこも長続きしなかった。早いときは一ヵ月、長くても三ヵ月ともたない。要領が悪いとか、反抗するとかではなかった。のみこみが早く、明るい陽気な性格で、いい声で受け答えをする。

最初のロイヤル・ブラッシュ社は物流分野の会社で、広い敷地内をトロッコが往き来していた。給仕はほどなくトロッコ遊びに熱中して、注意されてもあらたまらない。ひと月四円の月給とともに馘首《くび》を申し渡された。

次の質屋主人は名うてのしわん坊で、麦飯の饐《す》えたのを平気で丁稚に食べさせた。鼻をつまんでかきこむと、激しい下痢をおこした。絶食中も子守りはさせる。少年はたまらず伯父のもとに逃げ帰った。

帽子屋でも長続きしなかったが、近くに芝居小屋があって、終幕ちかくだと木戸番が無料で入れてくれる。義江は貴重な学習をした。

出してはもどされるのくり返しだったが、伯父は根気よく働き口を見つけてくる。わずかな稼ぎであれ、少年の俸給の大半をピンハネできるからだ。

これだけ痛めつけられても、少年はいじけたりも、ひねくれたりも、ズル賢くもならなかったようである。トロッコや芝居のタダ見のように、ちか場にたのしみを見つけると、とびこんでいく。手ひどい仕打ちにあってショゲ返っても、すぐに立ち直った。ひとりになるとハーモニカをふいていた。自在に舌を使って演奏できる。どこであれ小僧づとめがつづかなかったのは、むしろ腰をかがめ、地べたに這いつくばって言いつけどおりにすることが、どうしてもできなかったせいではあるまいか。奴隷に身を落とさない生来の何か。永遠の天真爛漫さといったもの。のちの歌劇団団長は、どんなに資金ぐりに苦しんでも泣き言ひとつ言わずに陽気に窮状をしのいでいったが、その際、浮き世の処世術よりも明朗闊達な人となりが大きな力となった。それは世のもてあましものが、幼いころから身にそなえていた特質だったらしいのだ。

少年期の職歴の最後の貿易会社サミュエル商会が、三界に身の置きどころのない少年にとって、大きな福音になった。当時の在日イギリス人の小さな社会を考えればすぐにわかることだが、下関のリード支配人と色街の芸者母子の件はよく知られていた。金銭で解決が図られたとも、知る人ぞ知るところだった。経過はともあれ、母子が平穏に暮らしていれば問題ない。だがその子とおぼしい少年が、学校にも通えず、走り使いのボーイをするほど困窮しているとしたら、イギリス紳士道の仲間として黙視できない――。

イギリス人貿易商が大阪の瓜生商会に事情を伝えて、善処を申し入れた。瓜生商会は困惑しただろう。ことは総支配人の私生児にかかわっており、うかつに差し出がましいことはできない。母坂田キクに連絡して、母のすすめで子が父に会いにいくということにした。どんなかたちであれ、父親の庇護さえ得られれば穏便にカタがつく。

藤原義江の伝記小説『漂泊者のアリア』の冒頭に出てくるエピソードである。十一歳の少年が大阪から下関まで、父を求める旅をした。伝記の始まりに使ったのは、少年の運命を大きく変える出来事であったからだ。先に触れたとおり、リードは青い目の少年をすげなく追い返した。その日、おりあしく事情通の日本人支配人が出張中で、ぎこちなく対面を求めてやってきた少年を、とりもつ人がいなかった。瓜生商会では下関駅長に大阪行の切符を託して、少年を一個の荷物のように送り返した。

帰りの夜汽車に揺られていた少年に、途中駅の姫路で大阪大火のニュースが伝えられた。汽車は神戸で長々と停車。しらしら明けに、ようやく大阪駅に走り込んだ。

構内は火事の避難客でごった返していた。明治四十二年（一九〇九）七月三十一日の夜、北区のメリヤス工場から出火。前日から吹きつのっていた強風にあおられ、火は四方に燃えひろがり、一万一千余戸を焼きつくして翌朝未明に鎮火。大阪のたたずまいが一変するほどの大火になった。伝記作家は書いている。

「義江の生涯でこれは最初におとずれた大きな屈折点だった」

下関駅長からことづかっていた車掌は、少年を大火只中の大阪に下ろさず、下関にもどさせた。くたびれきった少年が、ふたたび瓜生商会のカウンターにあらわれたとき、いっせいに驚きの声が上がった。支配人は出張から帰っており、すぐに義江をつれてリード支配人のいる紅葉館へ向かった——。

オペラではしばしば、偶然から主人公の運命が一変するが、まさにそのようなことが生じた。リードと瓜生商会の話し合いの結果、東京の瓜生商会社長、瓜生寅《はじめ》が少年を引き取ることになった。ほんの二ヵ月前、質屋の暗い台所で、鼻をつまんで饐えた麦飯を食べていたのが、いまや手伝いの者にかしずかれ、きれいな食堂で食事をしている。学校も私立の名門暁星学園が選ばれた。小学部四年に編入。いずれ中等部、高等部を終えれば帝大に進む道がひらける。

しかしながら藤原義江に、その道はひらけなかった。少年期の職歴と同じく、同時期の学歴もまためまぐるしく入れかわる。順にしるせば、次のとおり。

暁星学園小学部
外巣鴨・家庭学校
明治学院中等部
京北実業学校
早稲田実業学校

いずれも中途退学である。まがりなりにも二年修了の免状を得たのは、家庭学校だけ。あちこちで退学処分になった子弟をあずかるキリスト教系の感化院といった学校だった。義江は明治学院で野球を知って、練習に明け暮れた。十代半ばの育ち盛りであって、みるまに背がのび、上背をみこまれ一塁のポジションを獲得。学業成績不良につき退学のあと、京北実業から野球の名門早実にうつり、野球づけの毎日だったある日、気がつくと、瓜生家から学校に退学届が出されていた。野球をやるために学校に行くことはないからである。ついで支援打ち切り。すでに瓜生寅は世を去っており、未亡人は、大人を凌駕するノッポの居候を援助する必要を認めなかった。ときに義江、十八歳。いま再びの職歴が始まる。ここでも少年期の奉公先やそのあとの学校遍歴同様のパターンをえがいて、めまぐるしい。

牛乳売り
救世軍募金係
電報配達員
農業関係の雑誌社（大阪）
旭硝子の子会社（福岡県枝光）

いたって陽性で、いささか軽はずみな青年は、あきらかに自分の能力に気づいていなかった。自分が何をしたいのか、何が自分にできるのかがわからない。救世軍の募金では独特の制服を着せられ、太鼓に合わせて往来の人に、「信ずる者はたれぞ」と呼びかける。義江の声に思わず振り返る人がいたが、当人は少しも気づいていなかった。就職の便宜を考えて邦文タイプライターを習ったばかりに、旭硝子の子会社では幹部から、春本のタイプ清書をたのまれた。目鼻立ちの美しい青年が、神妙な顔で江戸時代の春本をタイプに打っている。遍歴時代の藤原義江には「おかしさ」がつきまとうが、それはつまるところ、自分の特性がわからず、まるきりそぐわないことをしていたからだ。いかに彼が自分の能力をはきちがえていたか、大まじめで沢田正二郎の新国劇に入り、戸山英二郎の芸名で大成を夢見ていたことからもあきらかだろう。沢田は画期的な殺陣《たて》が評判となり、名優「沢正」として人気者になった。その「沢正」の下にあって国定忠治や清水次郎長の子分格で、チョンマゲ姿で見得を切っている青い目の役者は、喜劇にしかならないのだ。

大阪の大火が少年の運命をかえたように、芝居の中休みに大阪・弁天座で見た舞台が転機になった。ローシー歌劇団といって、主宰ローシー、プリマ・ドンナ原信子、田谷力三の歌う『コルネビューマの鏡』のアリア、また『リゴレット』のアリアが人々に愛唱された。

風のなかの羽のように
いつも変わる女心……

義江が田谷をまねて新国劇の仲間に聴かせたところ、笑いを引っこめる者もいた。古川薫は書いている。

「何か予感めいたものがただよったのかもしれない。それでも、まさか義江が俳優をやめて、歌の道に走るようになろうとは、本人でさえ考えてみもしないことであった」

芝居の公演途中でドロンをするのは、役者稼業のタブーだが、藤原義江は沢田宛の詫び状をのこして出奔した。大正七年（一九一八）の年の瀬、義江満二十歳。

遅い門出だったし、本格的な修行までまだ数年を要したが、たしかにこの歳にオペラへの道を踏み出した。めまぐるしく入れかわるのは女性にとどまり、ようやくオペラ歌手一筋の人生に転じた。

幸田 文

紅い一点

幸田《こうだ》文《あや》は父露伴から家事その他にわたり、きびしい躾《しつけ》を受けた。二十四歳のときに嫁いで、十年後に離婚。里にもどり、病床の父を世話して、死を見とった。

「父は喘ぎ喘ぎ顔を赤くして口中に溜る血を吐いた。血は血のりだ。唇や舌ではちぎれない糊が、ぐいと頬に押しあてたこぼしの中へ電線のようにつながって、脈と一緒にふるふる顫《ふる》えて光る」

死の床に立ち会った岩波書店の小林勇が書いている。「文子《(ママ)》さんが静かな声で『お父さん、お静まりなさいませ』といった」

時は昭和二十二年（一九四七）七月、敗戦三年目の夏。所は千葉県市川市菅野。二畳・四畳半・八畳三間の借家。空襲で伝通院の蝸牛庵を焼かれ、仮住まいをしていた。家族は露伴、娘の文、孫の玉の三人。

「なんにしても、ひどい暑さだった。それに雨というものが降らなかった。あの年の関東のあの暑さは、焦土の暑さだったと云うよりほかないものだと、私はいまも思っている」

父を葬ったあと、生まれてはじめてペンをとり、「父・こんなこと」と題して、病状記と葬送の顚末をしるした。その練達の文章に人々は瞠目《どうもく》した。さすが文豪の娘だと言いそやした。

だが、幸田文はべつだん、父の死をきっかけにして文筆の世界を志したわけではないだろう。できるだけ正確に父の死を記録しておきたいと願ったまでのこと。そのため、おのずと目がよく見て記憶に刻みつけ、ペンをとると手が自然に動いたのだろう。ちょうど父に躾けられたとおり、箒《ほうき》をとると手が畳をきちんと掃いたように。

タイトルの「父」に添えて「こんなこと」とあるのは、口づたえに父からおそわったこんなこと、あんなことを、思い出すままに書いていったからである。

娘時代のある日、父と庭にいて、どういうわけか二人とも仰向いて空を見ていたときだそうだが、突然、父が言った。

「おまえ、ほら、男と女のあのことを知ってるだろ」

知ってはいても、はじらいがまず胸にきて、「知らない！」と強く答えたところ、返事が返ってきた。

「ばかを云え、そんなやつがあるもんか。鳥を見たって、犬を見たって、どれでもしているじゃないか。第一おまえ、このあいだ菜の花の男と女を習ってたじゃないか！」

正直な気持ちでしっかり見ろ、と父は言った。「これんばかり」もウソやまちがいがあってはならない。黙ってひとりで、そこいら中に気をつけて見ろ。するといずれ、このこと、あのことがわかってくる。

そのエッセイのタイトルは「啐啄《そったく》」、双方の息がぴたりと合った瞬間のこと。雑誌社に渡したら、編集者が勝手に「父露伴の性教育」と変えていた。

むろん、これは啐啄でなくてはならない。父露伴のことを思い返し、その言葉を一つ一つ書き写すなかで、娘は本能的に父の文業をわがものとした。「こんなこと」として再現するなかで、父親のなかに蓄積されていた江戸以来の知恵をまるごと吸収した。デビュー作がすでに大家の風格をおびていたのは、その背後に敬慕の念でもって写しとられ、丹念な針仕事によるかのように縫いとられた父親がいたからだ。

つづいて「このよがくもん」「あとみよそわか」「おもひで二ツ」。父の口うつしをなぞるぐあいに、標題は平仮名で通してあった。やがて父をはなれ、わがことにうつっていく。はじめての連載は、幼いころの綽名をタイトルにした「みそっかす」。最初の小説が「菜の花記」。旺盛な文業の始まりである。デビューが四十二歳。古風な着物姿から誤解されがちだったが、幸田文は古い時代の人ではなかった。何げない日常のシーンを語っても、それはカミソリで切りとったように尖鋭に内面の生理をつたえている。もっとも現代的な文学作法を血肉化したぐあいなのだ。

『包む』と題して連作にした小品の一つは、「ち」。一語きりの「ち」が恐いほどみごとである。「包丁を使っていてちょっと手がそれる。ほとんど同時と云ってい丶ほどすぐに血が出てくる」

そのとき手にしていたのが大根だとすると、まっ白な大根に、まっ赤な血のしみついていく鮮明なシーンが二重写しになる。日常の情景が、一瞬にしてガラスのように透きとおった心象風景に変化する。

倒れた看板に膝を打たれたときの描写。

「ふくらはぎは皮一《ひ》ト重《え》下に毒々しい青黒さで拡がってぼっこりと膨《ふく》らんだ」

出血すると気が動転する。血を見ただけで失神する人もいる。血がどうして人の心をさわがせるのか？　とりわけ女がそうだと、幸田文は述べている。

「ことに女のからだは血を知っているはずである。生活のなかでも女は男よりよけいに血を知っているはずである」

大正六年（一九一七）、寺島（現・墨田区東向島）の小学校を卒業して、麹町区（現・千代田区）にあった女子学院に入学。ミッション系の女学校であって、『草の花』に語られているのは、この年の春から秋にかけてのこと。文中の「私」は数えで十四歳。少女は、はじめて自分の血を知った。痩せて背が高かった。「胸も腰も板のよう」。勝気で、神経が尖っていて、何であれ過剰に反応する。しかも自分の反応をイヤでも押さえつけて外に見せない。このタイプの娘は、「いくら食べても肉がつかない」。

名門のお茶の水高等女学校を受験して落ちた顚末から書き出されている。潔癖で神経質な受験生は、試験の最中に尿意を覚えた。こういう少女には、よくあることだ。しだいにつのってきて、もだえはじめる。それがこんな描写で書きとめてある。

「手の生毛がぞわぞわっと逆立ったり落ちついたりして……」

やっと時間までこらえとおした。自制してゆっくりトイレに向かったが、階段までくるともう構っておられず、靴をぬいで走り出した。張りつめた気もちが解けたのに尿が出ない。そのままうずくまっていると、「私の水分の生理」は、「牛に似ただらしのない状態」になっていたという。表現は硬質だが、包まれたものは、やわらかく、なまあたたかい。

お茶の水は不合格とわかって、「糀町《こうじ》の女子学院という学校」へ無試験入学させてもらうことになった。

家のある向島には、当時、植木屋や染物屋が昔ながらの店をかまえていた。夜には布を染めつける前に砧《きぬた》で打つ木槌の音が聞こえてくる。一方、「糀町の西洋人の学校」は別天地だった。古風な西洋館の窓ガラスは、パテが白い線でくまどっている。芝生、藤棚、テニスコート、講堂のステンドグラス。講壇は英語で話され、学監の先生が訳してつたえる。みめぐみ、みさかえ、みこころ、いざない……。図書館はライブラリーだった。体操場はジムネージアム、自習時間はサイレント・アワー、学課はレッスンと呼ばれた。校庭の白い花はマグノリア。同じマグノリアがわが家の庭にあるのに気がついて、昂奮して騒いでいる娘に、父露伴は言った。

「木蓮ならそこいらのお寺などによくあるじゃないか」

『草の花』には微妙な少女の感性とかさね合わせて、いわば大正という近代日本の思春期の感性が印象深くつづられている。

学院にはミリケン先生といって、モンゴメリの小説『赤毛のアン』に出てくるような年よりの女の先生がいた。メイフラワー号のコロニーから続く家系で、財産全部を日本の子女教育と伝道に費やした。日本のレディを育てるのにやっきになっている。ミリケン先生には、新入生の歩き方が気に入らない。お手本に黒いスカートのヒダをつまみ上げ、細い足でタップを踏んでみせた。ダンスの基本を見せたつもり。職人町育ちの小娘は、自分の言葉で言い直した。

「足高蜘蛛がふわくと移動するのに似ている」

このミリケン先生と「明治維新風というべき気概」をもった書道の老先生の出会いは、大正期特有のたのしい「文明の衝突」というものだろう。ミリケン先生は日本流のお辞儀をして、時候の挨拶を述べ、相手のリューマチにいたわりの言葉をかける。対して老先生の応答。

「さようでござんすよ、寒いとどうもね」

一方にはブラウニングとロングフェロー、他方には朗詠と白楽天。ともに頑固で、優しく、寛容だった。「一人は色白く皺枯《しわが》れて、すんと直立しているし、一人は黄色く皺枯れて腰を伸《の》している」

「腰を伸して」といった表現は幸田文に生得のものだろう。つけ文を寄せられたくだりには、その文章はどうにも妙なもので、「虎斑《とらぶち》になってる感じ」だったとある。ここに使われている言葉は、あきらかに川向こう向島の暮らしの磨滅と洗練と修復をくぐってきた。

担任の先生が少女の憧れの対象になったとたん、暗い廊下が「うら〳〵と晴れわたる」ように思えたし、先生とすれちがうとき、突然、「ぴしっと熱さが頰に貼りつく」のを感じた。掃除道具を収めた小部屋に走りこみ、呼吸をととのえ、血のさした頰を消そうとする。いちばんの友達の言ったとおりだ。

「あなたは感情が強いのよ。そして正直なのよ、いい人なのよ」

「いい人」かどうかはともかく、何よりも先に「からだ」が反応する。むろん、そうだろう、少女から女への微妙な変身のときなのだ。

恋をあきらめた女教師についてのくだり、幸田文はつねに仮借なく正確に述べる。その女教師の大島の紬《つむぎ》の正しさ、カシミヤの袴のしなやかさ、重そうな縮緬《ちりめん》の襦袢、頸《くび》すじにのぞいた肌着の襟と足袋の白さ。

「この頸と足のわずかな二ツの白さからは、およそ体のいかなる部分に接触している布でも、それはかならず純白だと云いきれるような感じがした」

かすかに匂うのは、女の肌のそれではない竜脳の匂い。
コントラストを描くようにして、若い西洋人教師が語られている。半袖のブラウス、ふとった両手をうしろに突いて、身をそらしていたという。作者は描写を省いているが、二つのゆたかな胸が盛り上がっていたにちがいない。いざるようにして男っぽい少女のそばへ寄ってきた。まるく白く、ほの紅《あか》らんだ腕がのびて、少女の髪にさわってくる。「猫っ毛」をまさぐって、もてあそんでいる。

いきなり相手が、かぶさってきた。鼻の先に金髪が「くわあんと光っていた」という。「鼻腔から眼玉へ青臭さがつうんと突き通った。鼻血が出るなとおもい、眼をつぶると瞼がぴく〳〵して、血の色が紅く透きとおった。しかし、待っても鼻血なんかは出なかった」

少女時代がすでに終わっていたからである。血はもはや鼻から出ない。月に一度、下《しも》から出る。感じやすい少女は、その日の意味をきちんと悟っていた。他人とのからだの接触の感覚。「ぶわ〳〵としつゝ、かつしこんとした固さ」。頭がその記憶に立ちもどると、「とたんに胸が、おなかが、股《もも》が、どこそことなく、ぶるゝんと時計のぜんまいのように顫動し、鼻粘膜がそのときの通りに青臭く匂う」。

『草の花』は「婦人公論」に連載された。こまかいことはわからないが、単行本を前提にした連載の約束だったと思われる。章名の告げるとおり、女学校への入学から英語の授業、クラス、あしおと、うはさ、ふぢ。春から夏の経過。体験を通した少女の成長。順調に書き継がれたのが、突如、三ヵ月にわたって休載した。再開のあと、ふたたび中断。十一月号という中途半端な段階で終わりをみた。文庫でいうと一二〇ページあまりの分量。とても一冊にならないので、十年ちかくのち、他に書いたものと合わせて単行本になった。

連載したのは、父露伴もので世に知られてまなしのころであった。幸田文はまだ職業作家ではなかった。しかし、ながらく父の文業をしたしく見てきた。連載を勝手に休むということが、どれほど相手に迷惑をかけ、いかに職業倫理にもとることであるか、よく知っていた。その点、父からきびしく躾られた。

中途半端なかたちで打ち切るに際して、一ページの「作者のことば」をつけた。少しばかり健康上のことが匂わせてあるが、それよりも理由らしい理由のないことが述べてある。誠実なこの人はウソがつけない。過ぎてきた自分をめぐって、すでにこれだけのものを書いたからには、さらに書きつづけられないはずはない。にもかかわらず打ち切るのは、要するに書きたくなかったからである。なぜ書きたくないのか、その理由は言わなかった。だから奇妙な言いわけになった。「自然に鉛筆が手から離れてしまった」。これではあまりにわがままなので、「私の健康にも休みが必要なようだ」とつけ加えたが、次の最終一行が直ちに言いわけを裏切っている。「心苦しさをおしきって、あえてわがまゝを申しあげるわけである」

実をいうと、本当の理由は本文にちゃんと出ていたのだ。『草の花』は「きぬた」の章で終わっているが、そのしめくくりは、夜の大川にあらわれた船のへさきのランタン、「紅い一点」だった。それは思春期の娘をみまう「紅い一点」でもあるだろう。少女はその血を見ることによって女になる。当然のように、最終一行はこうだった。

「とうとう私は家族の環から逐《お》いだされるのだろうか」

少女期の小楽園からも追放された。もはやミリケン先生の国にもどれない。

幸田文は私小説の形をとっても、張りつめ、切迫した文学世界を築くことができた。その秘密がうかがえる。ここでは外的風景がピタリと内面世界を映しており、だからこそ暗い大川にあらわれた「紅い一点」が意味深いのだ。その紅から転じて夜の大きさ、暗さに言い及んだのちに筆をおいた。鉛筆が「自然に手から離れた」からである。物語はみごとに完結している。幸田文はきちんと職業作家のつとめをはたしていた。異例なのは素材を、約束した分量にまで水まししなかったことだ。その種の職業的メチエよりも、初々しい素材そのものをいとしんだからだろう。もしアマチュア的というなら、この一点である。

それはごく初期の『草の花』ひとつにかぎらない。幸田文は文名が定まってのちにも、つつましく、丁寧に、かつまたこれ以上ないほどのふてぶてしさで、アマチュア性をつらぬいた。

それだけの力量をもち、また素材にてらし、つらぬくべき意味をよく知っていた。

デビューから三十年後の七十二歳のとき、幸田文は奇妙な紀行記の連載を始めた。タイトルは「崩れ」。有名な山崩れを訪ねて行く。崩壊現場を見てあるく。富山の大鳶《おおとんび》崩れ、長野の稗田山《ひだやま》崩れ、富士山の大沢崩れ……。

日光では崩れとは言わず「薙《なぎ》」と言うとおそわった。大薙、古薙、御真仏薙、観音薙。薙ぐとは薙刀《なぎなた》によるように横ざまに切って払うこと。自分たちのお山が自然の力によって薙ぎ払われたあと、おのずとこの言葉があてられたものと思われる。

ちょっとしたことがきっかけだった。知人にさそわれ、静岡県と山梨県の県境にあたる安倍川上流へ山菜採りに出かけた。どんづまりの温泉からさらに奥であって、足弱の人に配慮してだろう、案内者は車で行けるだけ奥をめざし、小石まじりの林道を走り上がった。

車が止まってドアが開いた。一瞬、「妙に明るい」ところだと思ったそうだ。車から足を下ろして、こんどはヘンな地面だと思った。それから辺りを見まわしてハッとした。

「巨大な崩壊が、正面の山嶺から麓にかけてざっとなだれひろがっていた」

世にいう「大谷《おおや》崩れ」である。安倍川の源流近く、標高二千メートルの大谷嶺が三百年前の大地震で崩れて以来、その後も間断なく崩壊をつづけている。

日光・男体山東南斜面の大薙は、ヘリコプターにでもよらないかぎり、全貌を見るのは不可能だ。幸田文は中禅寺湖畔の二荒山《ふたらさん》神社から観音薙をふり仰いだ。どんな勾配で崩れたのか。崩れの速度はどうだったのか。崩れたあとはどんなようすか。

「かなり急な斜面だから、ここを岩石砂礫が駈けおりてきたときは、一物として堪えるものはなかったろうと推測できるし、崩壊物は走って湖に至っているらしい」

富士山へは出かけるにあたり、林野庁の知人に相談したところ、その人は富士砂防工事事務所へ連絡をとってくれた。

「――幸田さんは、年齢七十二歳、体重五十二キロ、この点をご配慮――どうかよろしく」

人さまの背中におぶさって山をこえたこともある。当人が自分の奇妙な情熱をいぶかしんでいる。「因果なこと」だというのだ。ふつうなら老いとともに心おだやかに身を休めて暮らすのが常識なのに、この自分ときたら逆になった。あらためて足が大根であるのを、うらめしく思わずにいられない。白いということでも太いということでもなく、ただ「重くて、どたっとしている」だけ。「その重さといい、引摺り工合といい、足は大根になったという切実ななげきがある」

どうしてそんな思いまでして「崩れ見てある記」を書きつづけたのか。作者自身、はっきりとわからなかったようである。少なくとも、ことあらためて理由を述べていない。連載を終えたあと、一冊にする分量は足りたが、なぜかずっと本にしなかった。何ごともなかったように そのまま時がたち、歳月が流れ、十三年後に死去。

それから半年して刊行ばなしがもちあがったとき、娘の青木玉が原稿を探し出した。こまかなメモ、走り書き、あとから書きこんだ疑問などが、絵符つきの袋に入れられ、安倍川、姫川、松之山などに分けて、いつでも取り出せるようにして残してあった。

そしてある日、テレビが雲仙火砕流の惨状をつたえてきた。聡明な娘は「あとがき」のなかで触れている。

「母の待っていたもの、書こうとしていたものは紛れもなく、これだと思った」

凄まじく噴き上げる煙、はじけとぶ石、襲いかかる熱気、走りくだる土石流。そして人々の困惑とイラ立ち。少女にとっての「紅い一点」のように、幸田文が自分の内面にしっかりと抑え、たえず意識していた当のものにちがいない。

ついでながら幸田文は、桜島の爆発記念碑に刻まれた読みにくい一文を、一字一字、手でなぞるようにして書き写している。そしてそのなかの「住民ハ理論ニ信頼セズ異変ヲ認知スル時ハ未然ニ避難ノ用意尤モ肝要トシ」のところに傍点をつけた。あやしいと思ったら、学者や、その道のわけ知りの言うことなど信用せず、自分でさっさと逃げろというのだ。いうまでもないことながら、それは自然の異変にとどまることではないのである。

藤牧義夫

父親の全集

浅草始発・東武伊勢崎線は、すぐ前が隅田川で、まるで足元をたしかめるようにソロソロと鉄橋を渡っていく。上手の橋が言問橋《こととい》、少し上流に新しくつくられたのが桜橋、さらに上流に白鬚橋。川を渡ると曳舟《ひきふね》、堀切、牛田。近年、スカイツリーという二十一世紀的名所ができたが、ほかは変わりばえのしない駅前風景である。事務所、工場、人家。また駅、事務所、工場、人家。また駅、事務所、工場……。

藤牧義夫《ふじまきよしお》が上州の城下町館林《たてばやし》から上京したのは、昭和二年（一九二七）である。ときに十六歳。伊勢崎へ出て、高崎経由で上野というコースもあるが、きっと東武を乗り継いで浅草をめざしたにちがいない。鳥打帽を目深にかぶり、風呂敷包みを膝にかかえた少年は、半ばの不安と半ばの好奇心を胸に、関東平野をななめに突っ切って走る電車に揺られていた。二歳のときに母を亡くした。十三のときに父を失った。そして上京のこの年、唯一の頼りであった兄が死んだ。十六歳で「戸主」になった。

館林の北には渡良瀬川が、南には利根川が流れている。市中に池や沼が多いのは、二つの川のあいだの湿地帯に町ができたせいだろう。人々はそこに桑を植え、養蚕に励み、糸をつくった。館林はながらく、結城《ゆうき》つむぎの里として知られていた。戦後はさま変わりして、製粉と醬油の町になった。東武の駅近くに、大きな製粉工場や醸造所の煙突が見える。大通り沿いに広大な敷地のお屋敷があって、「正田」の標札がかかっている。ここは美智子皇后といわれる人のお里でもある。

版画家・藤牧義夫（一九一一―三五?）といっても知る人は少ないだろう。昭和の初め、一九三〇年代に、とてもいい仕事をした。印象深い作品を生み出した。それにしてもあまりにも短い生涯だった。わずか二十四歳。昭和十年（一九三五）のある日、行方を絶った。忽然として地上から姿が消えた。

わずかだが知る人がいて、作品を大切に守ってきた。死後、二十年ちかくして、創作版画の先輩にあたる恩地孝四郎が『日本の現代版画』のなかでとりあげた。同時期に立ち会った版画家・小野忠重が回想のなかで、行方不明になる前後のことを紹介した。一九七八年、館林の仲間が生地に「藤牧義夫版画碑」を建てた。一九八〇年に『アサヒグラフ』が藤牧の『隅田川絵巻』を紹介。はじめてそこに「早世の天才」といった言葉が使われた。

一九八〇年代になって、藤牧義夫が本格的に論じられるようになった。一九八二年、海野弘『都市風景の発見　日本のアヴァンギャルド芸術』。一九八六年、『別冊太陽』（洲之内徹「藤牧義夫　隅田川絵巻」）。一九八七年『芸術新潮』（洲之内徹「気まぐれ美術館」）。同年、神奈川県立近代美術館で『1930年代の版画家たち　谷中安規と藤牧義夫を中心として』展が開かれた。夭折の人が、ようやく日本近代美術史に欠かせぬ一人になった。二〇一一年から一二年にかけて、『生誕１００年　藤牧義夫展』が群馬県立館林美術館、神奈川県立近代美術館で開催され、確認できる作品を網羅した公式図録兼書籍がつくられた。

ただ、私が語りたいのは忘却からよみがえった版画家ではない。まだ版画を知らないころ、絵の好きな少年がつくった父親の全集と画集である。父の生涯を画文でたどったもので、手づくりの表紙をつけて刊行。もとより地上にあって、ともに一部きり。私はそれを一九九五年十月、館林市の第一資料館というところで見た。古ぼけた薄暗い建物で、入口には「生誕85周年記念　藤牧義夫　その芸術の全貌」と、大層な看板が立てられていたが、二つの小部屋に小品が窮屈そうに並べられているだけで、会場には受付の女性以外、誰もいなかった。

係りの女性に、生誕85周年は来年だと思うが、なぜ今年に開かれたのかとたずねると、「数え方による」とのことだった。それに来年は資料館が建て直される予定で、すると会場がなくなるので、「上の人がきめて」今年にした。館林市民かと問われたので、東京からきたと答えると、なぜかたいそう感激されて、館林市教育委員会発行の小冊子風の図録を贈られた。

私はそれよりも、入口に近いところに無造作に置かれた二つのものが気になっていた。薄汚れた布でつつんだ弁当箱のようだが、よく見ると本のかたちをしていて、一方には表紙に赤ら顔、長い、まっ白な髭の老人が、丸いメダル状に図案化されて納まっている。左下に YOSHIO

とローマ字。背中に「三岳全集　義夫」とあって、これが一巻本の手製の全集であり、義夫が著者であることが見てとれた。他方は、同じく薄汚れた布が二種、下地と表にあてがってあって、表に手書きで「三岳画集　義夫著」とあり、デザイン化した花弁のようなものが描いてあった。

はじめての公的な展覧会にあたる神奈川県立近代美術館の『谷中安規と藤牧義夫を中心として』展では見かけなかった。ただ、そういうものがあることは洲之内徹の「気まぐれ美術館」で知っていた。美術誌に書くにあたって、洲之内徹は親しく手にとって見たのだろう。『三岳全集』について「何とも説明のしようのない不思議なもの」と述べている。『三岳画集』にいたっては一層奇観で、「あまりに奇妙すぎて、到底ここに説明できないが……」

驚き、あきれながらも洲之内徹は、二冊の手づくりの本に示されている「描くということの本能のようなもの」を、ひしひしと感じたという。何であれ正確無比に描きとめる。何よりも描くということに前後を忘れるほどの衝動を、この少年はつねにもっていたのではあるまいか。

「ひらいてみて、いいですか?」

小声でたずねると、係りの女性は少し躊躇した。それから誰もいないのを確かめるようにチラッと会場に目をやってから、小さくうなずいた。

藤牧義夫の父・巳之七は旧館林藩六万石の下級武士だった。藩が瓦解《がかい》したあと、師範学校で学び、小学校校長、ついで代書人になった。漢詩、漢文に素養が深く、絵を描き、書にすぐれていた。誇り高い教養人で、そして同時代には容《い》れないタイプだったのだろう。七女四男の末っ子義夫は、そんな不遇な父を見ながら育った。

大正十三年（一九二四）、父巳之七は六十七歳で病没。末っ子は十三歳だった。その直後から父親の伝記資料を集め、翌年、半年がかりで『三岳全集』をつくりあげた。ひきつづき『三岳画集』に取り組み、いかにも少年らしく、一九二七年一月一日を期して完成した。

ゴワついた表紙から、順にそっと開いていった。藤牧家の系図に始まり、古文書などが写してある。末っ子が二歳で母を亡くしたあと、継母がきまるまで白い髭の父親が赤ん坊の世話をするさまが、四コマ漫画で描いてある。父が用いたのと同じ墨、日本画の胡粉《ごふん》を用いたのだろう。日本画の絵具は何十年たとうと褪せないらしく、赤や紫がハッとするほどあざやかだった。

父親の一年が四方拝、初午《はつうま》月、雛祭月、花咲櫻、五月空といったふうに季節の行事で区切られ、そのときどきの父の姿と句がそえてある。父が少年時代に使った十露盤《ソロバン》、「三岳」の号で描いた扇や扁額が克明に縮小して写しとってある。大黒天の掛軸の「笑ふ門に福来る」の賛がそのまま模写されていた。最後のページは墓地に経文入りの卒塔婆が林立していて、中央に家紋つきの藤牧氏之墓が見える。洲之内徹が述べたとおり、「何とも説明のしようのない不思議なもの」と言えばいえよう。

足音がしたようなのでビクッとして、あわてて表紙を閉じた。空耳だったらしく、係りの女性は黙念と毛糸の編み物をつづけている。教育委員会は展覧会は企画しても広報を怠ったのか、それとも七十年ちかく前に町を出ていった少年に、現館林市民は関心のもちようがないのだろうか。

『三岳画集』は古着を転用したのか、紬《つむぎ》地で装幀してあった。藤牧家の建物と庭をカラーで描いたスケッチ、父が校長をつとめた尋常高等小学校(前庭西側より写)、幻灯会、鎌倉・江ノ島旅行に際して父が見たであろう風景。代書人に転じてからの日常を要約するように、「委任状」「抵當權消滅登記申請書」「所有權移轉登記申請書」などの書類がコラージュ風に貼りつけてある。

一冊の本がページを開いたかたちでコピーのように描かれ、印刷文字がそっくり模写されている。「父よく本を姉に買わせたり　毎晩暗誦して酒前に詠ふをよろこびとす」と説明がついている。その本というのは歌曲名作撰といったものらしく、「むつとして帰れば門の青柳に曇りし胸を……」。歌詞は細い書き文字で、一字一句そのまま細字で写しとってある。標題から考えるような三岳の画集ではなく、父三岳のすべてを画で再生したという意味である。少年にとって父親がすべてだったとしても、この父への異常なまでの執着は、はたして何によるのだろう。

ちょっぴりメモをとって、展示台をはなれ、礼を述べた。係りの女性もそれなりに緊張していたらしく、安心したようにほほえんだ。毛糸の編み物は赤子用のようで、可愛らしい超小型のソックスが半分がた編みあがっていた。ひざ掛けごしに、こころもち大きな腹部が見えた。ひざに可愛らしい毛糸の玉がのっていた。なぜか、そんなことをよく覚えている。挨拶に立とうとするのを手で制し、おじぎをして会場を出た。東武の駅へもどる道すがら、いましがたずっと、この世ならぬ幻を見ていたような気がしてならなかった。

十五歳の少年は父の遺品を一つ一つ縮小して模写し、集成して一巻とした。器用でなくてはありえないことだが、それだけではなかっただろう。神奈川県立近代美術館の水沢勉は、研究者の目でこまかく検討した。そして早熟で器用なだけでなく、のちの版画家につらなる一つの特徴を認めた。つまり、父親の技法で描くことに「少しの無理も不自然も伴わなかった」ということ。手づくりの作業の過程で、少年は「父親の画業」を追認したのではないか。父が生きた世界をことこまかにスケッチするなかで、画人三岳のなかに蓄積されていた「江戸以来の画技」を、まるごと吸収した、というのだ。

瞥抜な指摘に違いない。そんな孤独な鍛錬があってこそ、数年にして、おそるべき線描家が生まれた。数十メートルに及ぶ川辺の絵巻をつくる下地ができていた。版画家藤牧義夫は終始アカデミズムとは無縁であって、そもそもそんなものを必要とはしなかった。おしきせのモチーフから自由だったからこそ、誰よりも先んじて、とびきり表現力豊かに、一九三〇年代東京のかけがえのない映像をとらえることができた。

東武浅草駅に降り立った。つぎに少年はどうしただろうか？　風呂敷包みを抱いて、少しばかり浅草界隈を歩きまわったあと、しばらく姉の嫁ぎ先に厄介になり、翌年、浅草の履物屋の二階に間借りを見つけた。

上京後の藤牧義夫は、初め上野の帝国図書館に通って図案の勉強をした。せっせと見本を模写する。いっさいが独学だった。銀座に職を見つけて入社。十七歳のトレース工が誕生した。ある日、平塚運一の『版画の技法』を読み、目がひらけた。自分にも作品がつくれる。神田の商業図案社、現在でいうデザイン事務所にうつり、間借りの三畳間をアトリエにして多色木版に打ちこんだ。平塚運一や恩地孝四郎に始まる版画運動が、貧しい青年に生きる意味を与えた。十九歳のときの写真が残されているが、まだ幼さをとどめた顔がキッと正面を見つめ、こころもち肩をそびやかしている。

関東大震災のあと、帝都復興の名のもとに、いたるところに足場が組まれ、槌音がひびいていた。その足場が取り払われ、槌音がやみ、復興景気が消えかけている。そんな昭和初年が藤牧義夫の修行時代だった。昭和四年（一九二九）十月、ニューヨーク株式市場が大暴落、世界恐慌が始まった。とめどない不況のなかで、版画家の卵は版画を通して仲間を見つけていった。昭和七年（一九三二）、「新版画集団」を結成、機関誌『新版画』を発行。総員二十二名、おおかたが十代、二十代で、無名、貧乏という点で共通していた。

ひどい時代だった。この年の一月、上海事変が起きた。もはや軍部の暴走はとどめようがない。国をあげて泥沼のような日中戦争にのめりこんでいく。三月、満州国建国宣言。五月、五・一五事件が起こり、首相犬養毅が暗殺された。すさまじい不況のなかで労働争議があいつぎ、文部省は農漁村の欠食児童二十万を発表。映画『生れてはみたけれど』が大ヒット。町には「天国で結ぶ恋」のやるせないメロディが流れていた。

そんな時代、昭和八年（一九三三）から九年にかけてが、藤牧義夫のもっとも充実した時期だった。「新版画集団」は機関誌を出す一方で、展覧会や研究会を企画し、そのつどリーフレットを発行した。やりっぱなし、言いっぱなしにしないで、つねに記録にとどめておく。誰が言い出したのかはわからないが、父親の精緻な模写ドキュメントをつくった少年が思い浮かぶ。それかあらぬか藤牧義夫は機関誌『新版画』に、もっとも精力的に寄稿した一人だった。第四号は「都市田園診断号」と銘打ってあって、御徒町《おかちまち》を短詩のかたちでうたっている。「東京夜曲A」にあたるらしい。

フラフラと電車がやつて来る。
あのスパークはため息だ。
吐く息は皆蒼い。
驛もガードも人も車も
僕はうれしくなつて目を閉ぢた。

一九三三年九月の『綜合美術研究』誌にのせた「木版畫実習（都会風景）」のなかに、こんなくだりが見える。「われわれはモット、モット、この美しさを見つめねばならない。その無限に新鮮な形態を思ふまゝに讃美し、且つこの近代的な都市美を形成するところの鐵を感じ、コンクリートの皮膚を感じ、更にギラギラと輝くガラスをながめて、その立體美にくひ入るのだ」

一九三四年六月の『新版画』リーフレットに述べている。「自分は都會に生きて居る都會の何物かを求めつゝ、その都會が自分を苦しませようとも、自分はそれに打當つて行く、強烈な光が、音響が色彩が、間斷なく迫るその中に、不安な氣持で生存する事實……」

『新版画』は三年半にわたって、計十八号を発行したが、十三号以後は藤牧が中心になった。一九三五年一月の新春号に若々しい決意表明を寄せている。「颯爽たる特輯號をおくる。僕達は新しい版画建設の目標に向かつて一歩一歩進んでゐる。そして最後までがんばり通さねばならない」

小野忠重とともにグループを活気づける原動力だった。制作でも、つぎつぎと力作を発表。その一つが帝展に入選したとき、郷里の友人たちがお祝いの会を開いてくれた。当人は「帝国美術院展」といったところにさして思いはなかっただろうが、久しぶりに故郷に帰り、幼なじみのお祝いを受けながら、終始笑みを浮かべ、恥ずかしそうにしていたそうだ。

『月』や『赤陽《せきよう》』といった代表作があいついで生まれた。創作版画がはじめて見せたような前衛的な作風であって、黒の風景の只中を、刃物の先でひっかいたような閃光が走っている。青年の感性がとらえた、もっとも尖鋭な都市風景と言えるのだ。こまかく調査した水沢勉によると、「赤陽」には二種の摺りがのこされていて、それによって手法をよりくわしく見てとることができる。

いわゆる「当《あ》て紙《がみ》」をせず、裏が汚れるのも気にとめないで、バレンに力をこめて摺っていく。ときには力が入りすぎて、紙が汚れてしまうこともあり、一つでは前景部分に黒版で摺った別の紙を貼りつけている。建物のシルエットを自由に構成して、アルファベットをコラージュ風に入れたりしている。明暗の対比が弱ければ、筆で黒く塗りつぶした。創作版画が作風の洗練されていくのに応じておとなしくなり、とり澄ました画風に陥ったなかにあって、この若い版画家は、その種の弊害から徹底して自由だった。

『新版画』第十六号は「都市貫流特輯號」と題して、「時代に生きよ　時代を超ゑよ」の副題をそえている。その副題をタイトルにした藤牧の巻頭言からも、「都市貫流」のフレーズが誰によるかもあきらかだ。

「我等の責任は重い、小さく争ふのを止めよ。時代に覺めて電波を感ぜよ。音も無く地球を彼等は縦横に走つてゐるでは無いか、空には飛行機が刻一刻距離を無視して行くでは無いか」

この若者はいち早くメディア都市ＴＯＫＹＯを感じとっていた。ついてはこのころすでに『隅田川絵巻』がはっきりとしたかたちをとっていたにちがいない。「都市貫流」の号に、「都会を流れる川」についても言及している。

「都會を流れる川、ぼくらが地圖を開き都會の上に目を注ぐ。とそこには都會を貫いて体温表がはしつている。川だ。都會を貫流する川だ。それは事實体温表の如き美しさと生活の刺激とを感じさせる川なのだ」

本所の図書館で見た北斎の『隅田川両岸一覧』がヒントになったというが、それをうながしたものがあったはずだ。館林から上京してきた少年の目には、隅田川をまたいで鉄の橋や、川沿いの黒煙を上げる煙突が強烈な印象を与えたに違いない。

「川が山奥の木の葉と木の葉の間から流れ出て、田畠の間を通り工場の排泄物を溶けこませ、滿々として數多の水上生活者を支えて、末は巨艦の浮ぶ水平線の彼方へ没するのを思ふとき、そこに運命といふか、人世といふか何か人格化された生活の流轉相を浮べて來る。これは獨立した一枚版畫よりも連作版畫とか、筋を追つた版畫とかの組織的製作でなくては現はせない」

長大な白描絵巻にとりくんだ青年にとって、川自体が近代都市の象徴だった。白鬚、言問、吾妻、駒形といった江戸情緒的な名づけとは裏はらに、すでに当時、鉄のアーチが天にのびていた。セメントの煙突が屹立《きつりつ》している。水面をモーターボートが波を切っていく。夜には両岸のネオンサインが二重映しでまたたいていた。

川をめぐる絵巻の制作のことは、誰にも告げていなかった。だから推定によるしかないのだが、「浜町公園から相生橋まで」といった区分をつけて、昼間はせっせとスケッチをとり、夜にそれを線のみで横に描いていく。昭和九年（一九三四）の秋に始め、四区分して描き継ぎ、翌年春ごろ六十メートルあまりで仕上げたものと思われる。父親の生涯を一巻に収めたように、一つの川をそっくり一巻の絵巻に写しこんだ。

昭和十年（一九三五）六月、神田・東京堂画廊で『藤牧義夫版畫個人展覧会』を催した。持病の結核が進行していた。八月、館林に帰り、義兄の子どものために絵の手本描きをしてやった。

九月二十日、向島の友人小野忠重に、風呂敷包み二つにまとめた自作と書籍類を託して去った。近親者の回想によると、真夜中すぎに姉を訪ねてきて、「姉さん、姉さん」と呼んだらしい。家族の者は気づかなかった。その後はいっさい行方が知れない。探索を警察に依頼したが、うちつづく不況のなかで自殺者や一家心中があいついでおり、貧乏絵描きの失踪は、ただ聴きおくだけにされたらしいのだ。

高峰秀子

秀子の収支決算

ふつう人は幼年から少年少女期を経て思春期を迎え、それから大人へと移っていく。成長ないし脱皮するわけだが、女優高峰秀子《たかみねひでこ》はあきらかに一つの例外だった。無邪気な幼年期も、多感な少女時代も知らなかった。思春期には夢よりも仕事に追われていた。

「私は、五歳にもならぬ子供のころから映画界の人込みの中で育ったから、人を見る目だけは相当なすれっからしである。自分の目でシカと見た人の他は信用をしない」

大正十三年（一九二四）三月の生まれ。所は函館。母・平山イソ、父は錦司。昭和四年（一九二九）、母イソ、結核で死去。父錦司の妹、平山志げが幼い子を引き取った。志げは当時、うだつの上がらぬ活弁士と東京・鶯谷に住んでいた。病弱で、いつもゼイゼイ喉を鳴らしていた幼児は、首に真綿を巻かれ、口にゴムの乳首をくわえて、函館から東京への長い旅をした。

早くに母親をなくした幼児に血縁の者が養母になるのはよくあるケースだが、平山志げの場合は、かなり異例だった。その事情、また志げの人となりを言うためには、その生い立ちにまでさかのぼらなくてはなるまい。そのためだろう。高峰秀子が半生をつづった『わたしの渡世日記』は、志げの父親、自分にとっては祖父にあたる平山力松の波瀾の人生に立ちもどって始めている。

浮き沈みの激しい祖父の人生のうち、志げはとりわけ「沈み」のなかで成長した。子守りに明け暮れて小学校にも通えず、父力松の支配から逃れるため、十七歳で三流どころの活弁士と手に手をとって函館を出た。しがない稼業にあって、夫にはお呼びがない。見よう見まねで志げは女活弁士を買って出た。そのときの芸名が「高峰秀子」だった。のちの日本国民のアイドル名にもひとしかった名前は、行き暮れた弁士夫婦の苦肉の策の産物だった。

東京に落ち着いてからも、志げは子宝に恵まれなかった。兄夫婦はすでに三人の子持ちで、四人目が兄嫁の腹に宿ったと聞いて妹は函館へ飛び、生まれてくる子を養子にしたいと兄にせがんだ。三人の子供はすべて男で、生まれてくるのも男の子と思いこんでいた兄夫婦は、気安く養子の件を了承した。出産に際しても、志げに命名をゆだねた。

「志げは子供の誕生日を指折りかぞえて待ちわび、『生まれた』の知らせを聞くや函館へスッ飛んだ」

女の子とわかり、志げは昔の芸名の「秀子」とつけた。兄夫婦の態度が急変した。はじめての女の子で可愛くてならない。言を左右して赤子を渡さず、約束違反をなじられ、とどのつまり「二年後なら」の条件をつけた。その二年がたって、志げが引き取りにやってくると、父親が二歳児を背負って雲隠れ。四年半がたち、母親の病死後、ようやく志げの願いが叶えられた。『わたしの渡世日記』では語っていないが、別のところに書いている。突然、養母のもとに連れてこられた子供と同じく、突然、幼児の母親になった養母もまたとまどった。そこでしたことは、「自分たちは実の母子であるということを正当化しようとする作業」だった。

「養母は一日に何回も『あんたの母さんはこの私、あんたは私の子供だよ。分かったかい?』と、執拗にくりかえした」

しかし、四歳児の目には、ついこの間に死んだ母親のおもかげがしっかりと焼きついていた。だから口では言えないが、心の中では思っていた。

「私の母さんは死にました。おばさんは私の母さんでもないくせに、実の母子だなんてよく言うよ。ウソツキ」

すでにして「幼児オトナ」の誕生である。背丈は四歳半だが、鋭敏に大人たちの嘘を見抜いていた。

養父は活弁士を廃業して、芸能マネージャーのようなことをしていた。父と子は春のある日、蒲田の松竹撮影所へ向かった。『渡世日記』では、松竹映画の俳優の手引きで見学に出かけたなどというが、たまたまその日、『母』という映画の主役になる五歳の女児の選考会が催されていて、同じくらいの年格好の女の子ばかりが六十人ほど一列になっていた。ハンチングにニッカボッカの監督がスタッフをつれて歩き、女の子の一人一人のアゴに手をかけて顔を見ていく。しゃがみこんで話しかけたりしている。

「養父は突然、私を背負ってツカツカと列の最後まで歩くと、そこへ背中の私をおろして並ばせ、自分は後ろへ引っ込んでしまった」

たまたま女の子の審査会に行き合わせたので、長い列にまぎれこんだのか、それとも芸能マネージャーは仕事柄、この日の催しを知っていて、何かの目算あって応募させたのか。その点はともかく、この春の日は高峰秀子が書いているとおりになった。

「思えば、その日が私の人生の『運命の日』であった」

昭和四年（一九二九）十二月、高峰秀子のデビュー作『母』が封切られた。大当たりで、どの劇場も超満員の盛況だった。直ちに『続・母』の台本が作られ、さらにもう一本が引きつづいた。子役の月給三十五円。当時、大学卒の初任給が五十円程度だったから、五歳になるかならぬかで一丁前の収入を稼いでいた。

一家は鶯谷の二階借りから、蒲田の一軒家へ引っ越した。五歳児の収入をあてにしてである。これまで家に寄りつかなかった養父が、なぜか毎日家にいて、疲れて帰ってくると、膝小僧のスネをさすってくれる。

おりしも映画はサイレント時代の終わりで、昭和六年（一九三一）、日本で最初のトーキー映画『マダムと女房』が作られた。監督・五所平之助、主演・田中絹代、渡辺篤。

トーキー映画の出現は俳優を大きく淘汰した。どんな二枚目、どんなに美人であっても、声が悪かったり地方訛《なま》りがあると致命傷になった。それまで第一線のスターだった川田芳子も、新潟訛りのためにたちまち役を失った。

子役秀子は母もの映画のお涙頂戴の女の子だけでなく、髪の毛をバッサリ切って男の子の役もやらされた。

「午前中の撮影は半ズボンで男の子、午後の撮影はスカートといった忙しさで、ある時などは突然、助監督が私をおぶって駆け出したと思ったら、撮影所の門を出て『床屋』へゆき、アッという間に、オカッパから坊ちゃん刈りになってしまったこともある」

そのころ松竹には男女合わせて五十人ほどの子役がいた。女の子に、わざわざズボンをはかせて男の子役をやらせることに、男の子役の母親から文句が出た。高峰秀子はよほど子役として重宝がられたのだろう。男女二役が十歳になるころまでつづいた。

昭和六年春に蒲田の尋常高等小学校に入学したが、とうてい学校に通うヒマがない。たまに顔出ししても、学科は先にすすんでいて何のことやらわからない。月に三、四日の出席で、通信簿は「アヒルの行列」だった。

「朝から晩まで、私は助監督の背中から背中へ運ばれ、カメラの前に立たされて、それがなんという題名の映画なのかも知らず、監督の言うセリフをオウム返しに喋っていた。私は、言ってみれば猿回しの猿であった」

高峰秀子の回想のなかに必ず出てくる名前がある。小学校の「担任教師の指田先生」は家庭の事情を知っていて、母と子が京都の撮影所や地方ロケに出かけるとき、きっと二、三冊の子供の雑誌をもって駅へ駆けつけてくれた。『コドモノクニ』『小学一年生』は、文字を習い始めた小学生にとって眩しい光のようだった。幼い子供の思いを古風な女性は「神様」と表現した。

病弱で、首に真綿を巻いていた女の子が、二、三年のうちにメキメキと丈夫になった。一つには母親の努力があった。どこで聞いてきたのか、三種類の漢方薬を土瓶で煎じた。それと焼いたニンニクを一日に一粒。その漢方薬とニンニクのおかげであったかどうかはともかくも、五十年間の女優生活を無遅刻、無欠勤で通した。

それでも子供の体力には限界がある。そんなときは「あれこれ考えて、自己防衛の策」を練った。簡単であって、わざと寝てしまうこと。「狸寝入りをきめこむ」。

「スヤスヤという息遣いは意外とむずかしい。一所懸命に狸寝入りをしているうちに、本当に寝入ってしまうこともあり、夢うつつの私の耳に『秀坊が寝ちゃったから、あとは明日にするか?』などというヒソヒソ話が聞こえてきたりする。そして、とにかく私はその日の撮影から解放されるのであった」

これが七歳のときだ。七歳児のだましの術を、のちの大人があざやかに分析している。

「一寸の虫にも五分の魂があり、その魂は大人のそれよりも〝鋭敏〟かつ〝怜悧《れいり》〟である。子供には、感受性はあっても、大人の鈍感さはない」

九歳になったばかりのある日、巡査が白い紙をもってやってきた。とたんに母の顔色が変わり、早口で巡査になにかささやいて、白い紙を手早くたたむとタンスの小引き出しにしまった。

不審に思って秀子はそっと踏み台に乗り、紙片を取り出してひろげた。

「平山志げ　養女秀子」

台所から母が血相変えて飛び出してきた。

「見たのかいッ、お前?」

「うん、見た」

いとも簡単に答えたところ、「新派大悲劇のような愁嘆場」がこんこんとつづいた。

「私にすれば、死んだ生母の記憶もあり、自分が養女であることなど先刻承知だったから『なにを今更あらたまって』と、内心滑稽なくらいだったが、こんな場合にゲタゲタと笑うわけにもいかず、そうかといって深刻ぶってみたところで涙など出るわけもない」

一緒にいる人を自分の母だと思っているんだから、それでいいではないか。産んだとか産まないとか、生みの母とか育ての母とか、そんなことは大したことじゃない——泣き顔がたちまち憤怒の形相になり、顔面蒼白、まなじりがひきつり、手足が震えだし、完全なヒステリー状態である。

「お前という子は……なにもかも知っていて……よくもよくも！」

生まれて初めて見た母のヒステリーで、ただただ恐ろしく、それは事あるごとにエスカレートして少女をおびやかした。

だからといって毎日、喧嘩をしていたわけではない。

「相変わらず朝になれば二人揃って撮影所へ通った。冬はお互いに抱き合って暖をとり、夏はお互いにウチワであおぎ合いながら嬉々として笑った。九歳の私には付き添いが必要だったし、母もまた、私の世話をするよりほかに『生きがい』は無かったようである」

少しあとのことだが、当時人気絶頂の流行歌手、東海林太郎が「養女」縁組を申し出た。昭和の芸能裏話のなかのお伽噺の部に入るようなエピソードである。たしかにひところ高峰秀子は、これまでの「父」をうっちゃらかして、東海林太郎を「お父さん」と呼び、東海林夫人を「お母さん」と呼んでいたのである。養母は台所で働いていた。

一年半ばかりして母娘は東海林夫妻と訣別して、そのお屋敷を出た。高峰秀子、十一歳のときである。その足で母と娘は大森で六畳一間のアパートを見つけ、二人暮らしを始めた。

アパート代と生活費、北海道にいる養母の父親への仕送り、兄の夜学の学費、自前がきまりのブロマイド用の衣装費と撮影用の化粧品、さらに大森のアパートから横浜乗りかえで大船の松竹撮影所に通う定期券と、大崎の小学校へ通う二枚の定期券……すべてが十代はじめの少女の稼ぎにかかっていた。母は同じアパートに住む二人の大学生の食事、洗濯、アイロンがけのまかないを引き受け、わずかな金を稼ぎ出す。

秀子のランドセルには、教科書と安物のノートと、アタマの消しゴムのすりきれたチビた鉛筆が入っているだけ。大森の駅前に小さな文房具店があった。学校に行きたくても月に二、三回しか通学できない少女には、その文房具店が夢の殿堂だった。欲しいものがすべて揃っている。きれいなノート、三角定規、セルロイドの鉛筆箱、真っ白い消しゴム。

気がつくと、指先が消しゴムにのびていた。店の人の姿はなかった。消しゴム一つを掌に握りしめ、少女はアパートまでの道を息を切らして走りつづけた。そのあと、どうしたのか、記憶の糸はプツンと切れて、何も覚えていないという。ただその思い出だけが、何十年たとうともはっきりと脳裏にこびりついていた。罪の誘惑が「真っ白い消しゴム」というところが、いかにも高峰秀子らしいのだ。

愛くるしい役は役柄が終わると消えていく。「愛くるしい」といった持ち味もまた、ほんの一過性の特性である。「天才子役」と持て囃されているうちがハナなのだ。高峰秀子、通称「デコちゃん」は天才子役と持て囃されたが消えなかった。愛くるしさは急速に別の特性に取ってかわられ、少女役のスターになった。

少女スターもまた、あわただしく取りかわる。そもそもが育ち盛りであって、一本の映画にぴったりハマっていても、次作がクランクインするころには、別人のように変化している。背丈も大人並みで、顔は成人のきざしを見せ、もう「純真な少女」役はつとまらない。

そのなかで高峰秀子はスリ切れなかった。つねかわらず初々しい少女らしさをスクリーンに映して、ブロマイドがとぶように売れた。旧制中学生は生徒手帳にはさんでいた。出征する兵士が内ポケットにしまいこみ、ひとりのときに取り出してほほえみかけた。少女俳優高峰秀子には『秀子の応援団長』『秀子の車掌さん』といった秀子モノが何本かある。この種の映画は通常、タレント俳優の定番であって、次のタレントが出てくるまでの季節商品というものだ。季節が終われば、ウソのようにいなくなる。

タレント俳優高峰秀子はこともなくタレントの季節を通過した。タレント俳優モノの一方で、山本嘉次郎の『馬』といった昭和の名作映画に出演した。それはタレント俳優の立ち入ることのできない世界だが、高峰秀子は当然のようにそのなかに入り仕事をした。山本嘉次郎や成瀬巳喜男や千葉泰樹といったウルサ型の監督に愛された。日本映画史のなかのきわめて少ない例外だろう。高峰秀子は「五歳の子役」からスタートして、子役・少女役・タレント役につきものの用ズミとはならず、昭和を代表する大女優になった。それは成人して女優の道を選び、しっかりした考えのもとに出演作を選んで大女優になったタイプよりも、はるかに困難なことなのだ。それが証拠に成人型の大女優は何人もいるが、子役からのたたき上げは、めったにいない。

愛くるしい子役は口うつしのセリフを言って、教えられたとおりの演技をしたまでだが、撮影にたずさわった人びとは気づいていたにちがいない。このこまっしゃくれた子供が、大人なみに演技をすること。つまり、教えられたとおりではなく、大人がひそかに望んでいる、まさにそのとおりの子供になっている。「ヨーイ、スタート」に先立って、周囲のやりとりや雰囲気から幼い子が読みとったもの。幼い者が口うつしのセリフに読んだもの。当時の小さな映画界の関係者、たとえば監督の山本嘉次郎は知っていたのではないだろうか。ロクに学校にも行けず、ステージママ的な母親と「活動屋の屋根の下」でウロウロしている、その少女が暇をみては本屋に走り込み、手当たり次第に岩波文庫を買ってきて読み耽っている。おりおり小遣いに余裕があったらしいとき、山のように新刊書をかかえて、意気揚々と帰ってくる。

「内田百閒に夢中になりはじめたのもこのころである。とくに、私にとって青天の霹靂《へきれき》というか、夜も眠れぬほどにショックを受けたのは、北條民雄の『いのちの初夜』と、島崎藤村の『破戒』だった」

あやふやでわからない字があると、古新聞を持ち出して、そこの使い方から推察した。『いのちの初夜』と『破戒』を読むまで、ハンセン病も部落のことも知らなかった。それを知ったとき、「心底動転し、いても立ってもいられずに、外へ走り出して何かさけびたい衝動」にかられたほどだった。苦労人ぞろいでワケ知りの監督たちは、そんな少女の言動を知っていたにちがいない。

沢村貞子は個性ある女優で、優れた随筆家として知られていた。高峰秀子は少女俳優だったころ、同じ東宝映画にいた沢村貞子が昼食時間に、結髪室の片隅にきちんと座り手製の小さな弁当箱を開いているのを、それとなくながめていた。逆に沢村貞子はそんな少女を、やはりそれとなくながめていたのだろう。

「今夜はウチでごはんを食べよう」と誘ってくれた。回想には「気もちのそぐわない養母と二人暮しで、いつも暗い目つきをしていた私に情をかけてくれた」と書かれているが、それだけではあるまい。ベテラン女優は何かをけんめいに求めている少女の日常を知っていたと思われる。

あとの報告が、ひと息でみごとに沢村貞子を描きとめている。所は世田谷・北沢の小さな日本家屋。

「沢村さんは撮影で疲れた気配もみせず、いきなりキリリとたすきで両袖をしぼりあげ、前かけをかけ、台所に立って冷蔵庫をのぞきこみながら手際よく二、三品のチマチマとした料理を仕上げた。

茶の間に食卓はなく、長火鉢の広いふちに小ぎれいな小鉢や小皿が次ぎ次ぎと並べられて見事だった。艶やかな紫紺色で、ほどよく漬かった茄子のヌカ漬けがとびきり美味しかったことを、私はいまでもはっきりと覚えている」

二・二六事件のあった年だから、昭和十一年（一九三六）である。ある朝、秀子はアパートの共同便所へ行ったまま立ち上がれなくなった。

「私のお尻から、まるでとめどもなく赤い糸が繰り出されて来たのである」

毛線玉の毛糸をひくように赤い一本の線を引いて落ちていく。蒼くなって便所を飛び出し、母親に報告した。

「かあさん、お尻がやぶれた！」

少女は心からそう思っていた。だからこの顚末は「お尻がやぶれた」の章につづられている。母親に「子供から女になった」しるしと言われても信じたくなかったし、股の間でゴソゴソする脱脂綿を嫌悪した。「助けてくれェ！」と叫びたいぐらいのものだった——。

女優高峰秀子が「子供だった」ころの報告は、ここで終わる。母と子の蜜月時代の終了でもあった。秀子が少女から娘になり、やがて押しも押されもしない人気女優になるとともに、養母の嫉妬が始まった。女対女の嫉妬は金銭ずくのそれでもあった。女優高峰秀子の映画や舞台の出演料は、すべて養母の方に入る仕組みになっており、養母はそれを湯水のように使った。肩にはミンクのショール、指にはダイヤ、札ビラ切って集めたとり巻きとの麻雀三昧……。養母にとって秀子は「金の生《な》る木」であり、しかもこの木には二本の足がある。いつ、どこへ行ってしまうかもわからない。ここにとめおくためにも、貯えがないのがいい。

いちどだけ、そんな母から逃げ出して高峰秀子はパリへ行った。二十代の終わりのときである。パリに着くと母から手紙が届いていて、書かれていたのは、ただ一行。

「おかねをおくってください。母より」

七ヵ月のパリ滞在を終えて秀子が東京に帰ってくると、養母は土地を担保に銀行から金を借り、家を改築して、十三人の従業員をかかえた料理旅館のおかみに納まっていて、娘が泊まっていくと、宿泊代からクリーニング代まで請求した。

昭和三十年（一九五五）、高峰秀子は脚本家、松山善三と婚約して、その報告をしに養母を訪ねた。終始無言で報告を聞いていた養母がはじめて口をきいた。

「結婚披露宴の、私の紋つき一式はあんたがそろえておくれ。結婚後は毎月三十万円、小遣いを届けてちょうだい」

結婚式の仲人をつとめた川口松太郎にいわせると「オニのようなおふくろ」。それから約二十年間、養母は金銭以外の何ものも信用せず、欲のかたまりだった。ある日、突如ヘルペスに取りつかれ、ウィルスが脳に入って言語障害を起こし、さらに今でいう認知が加わって廃人同様になった。その母がまるで「投げ込まれるように」わが家へ送られてきた。ガーゼの寝巻き二枚とカラのハンドバッグが全財産だった。やがて徘徊が始まり、寝室で転倒、浜松の病院に入院。ある朝、ベッドの上で死んでいた。診断は心臓マヒ。「秀子は老える」と、幼い者の作文のようにして、高峰秀子は一つの収支決算をつづっている。

養母に手をひかれて撮影所をウロウロしていたころ、「子役がイヤか？ やめたいか？」と問われて「ウン」と答えていたら、女優高峰秀子は存在しなかった。監視にも近い、養母のいびつな愛がなかったら女優にはなれなかった。スキャンダラスな事件もなく、まっとう（?）な結婚も出来なかった。そう考えると、トクをしたのは秀子ばかりのような気もしてくるというのだ。このやさしく、したたかな女を、どうして好きにならずにいられようか。

澁澤龍彦

のぞき眼鏡

澁澤龍彦《しぶさわたつひこ》をひとことでいうと「フランス文学者」や「作家」よりも、ヨーロッパ人が文をひさぐ人をいうときの言い方の「自由な文筆家」がいちばんふさわしい気がする。生涯ほとんど勤め先といったものを持たず、もとより教師などせず、文壇とは遠いところで自分の好むところを書き、訳し、編集した。サドの翻訳、『黒魔術の手帖』『夢の宇宙誌』『異端の肖像』『悪魔のいる文学史』などの博物誌的なエッセイ、やがてそれらが微妙に変化して、『玩物草紙』『唐草物語』『うつろ舟』『高丘親王航海記』といった奇想小説へと変わっていった。

いかにも時代ばなれした文業だが、しかしながら、当の書き手が時代ばなれしていたかどうかは、簡単には言えないだろう。これはサドの翻訳をめぐり、最高裁まで体験した文学者である。その仕事はむしろ、時代とのひそかな呼応と緊張のなかでつづけられたと言うべきだろう。そうでなくてはペン一本で、こんなにも自分の流儀のままに、自在に生きられたはずがない。

私的なことはきれいさっぱり閉め出しにした人だが、一つだけ「わたしの少年時代」の添え書きをつけた回想記がある。タイトルは『狐のだんぶくろ』。幼いころの歌で断片的に覚えている一節「狐のだんぶくろ　見つけた／山の夕立　降りやんだ」にちなんでいる。自分でもへんな歌だと思って調べたら、ケシ科の植物にキツネノチャンブクロというのがあって、その別名か、あるいはチャンブクロが「だんぶくろ」に訛《なま》ったらしい。

昭和三年（一九二八）の生まれ。その少年時代は太平洋戦争の始まる直前にあたる。昭和六十二年（一九八七）、死去。思い出をつづった本は死の四年前の刊行。もしかすると何か予感のようなものがあって、「あとがき」にいう「一度は書いておきたいテーマ」に取りくんだのかもしれない。

父は銀行員で、四歳までは埼玉県の川越市に住んでいた。近所に箱屋のタッちゃん、通称「ハコタッちゃん」という爺さんがいた。箱屋というのは三味線箱をもって芸者のお供をする職業のこと。かたわらチンドン屋の親分でもあって、おりおり子分どもをあつめてチンチンドンドンの稽古をしていた。

「私はチンドン屋のあとについて、街をどこまでも歩いていった記憶がある」

川越のことだとすると四歳かそれ以前だが、すぐあとに「父の転勤とともに東京に出てきて、滝野川中里に住むようになったのが昭和七年である」とあるから、四歳以後のことかもしれない。

「もちろん、爺さんの顔なんかちっともおぼえていないが、これが私の幼児期の最初の記憶の一つであることは間違いないところだ」

わざわざチンドン屋に一章をもうけ、「最初の記憶の一つ」と強調するようにして書いたのは、チンドン屋に特別の意味を認めてのことだろう。鉦《かね》、太鼓、三味線、クラリネットなどの楽器をにぎやかに鳴らしながら、背中に広告のポスターを垂らしていたり、ビラを配ったりした。白粉《おしろい》を塗りたくって時代劇の役者のような扮装をしているのもいれば、三味線をかかえた、ちょっと色っぽい女がまじっていたりもする。先頭が旗持ちで、大名行列の奴《やっこ》みたいに踊りながら先導する。

にぎやかな面々だが、必ずしも陽気とはかぎらない。クラリネットがへんに物悲しいメロディーを奏していて、なぜとはなしに子どもたちを惹きつけた。

「もう帰らなければ、と何度も思いながら、ついつい見知らぬ街まで来てしまったときの心細さをよくおぼえている」

好奇心に誘われるままについていって、「見知らぬ街」にまで来てしまう恐れと恍惚。澁澤龍彦が一生もちつづけた性向だろう。

滝野川中里に越してきてからのことだが、近くの駒込明神町に三流芸者街があって、寄席やカフェやバーや場末の映画館が軒を並べていた。旅まわりの芝居がかかるとなると、メーキャップした役者がリヤカーにのせた太鼓をたたきながら触れてまわる。そんなときはチンドン屋の出番でもあって、それは「あやしげな場所から忽然として出現してくる」ストレインジャーというものだった。

そんな話の切り上げに、夏の夜など夕食をすませてから両親につれられ、明神町から市電で上野の池之端まで涼みに行った思い出がつづられている。先に林芙美子のところで述べたが、上野の池之端には、ひときわ高く仁丹《じんたん》の広告塔がそびえていた。大正のころ、大阪の製薬会社「仁丹」が全国の盛り場におっ立てた塔で、会社のトレードマークである大礼服に髭をはやした男の像が、イルミネーションの点滅につれて現れたり消えたりする。夕涼みのあいだ、少年は目を輝かせてイルミネーションを見つめていたのだろう。やがて点滅の順序をすっかりおぼえてしまった。

自分でも記憶力抜群だったと述べているが、さぞかし『幼年倶楽部』『少年倶楽部』といった雑誌を、目を皿のようにして読み耽っていたのだろう。人気の連載漫画が記憶にしみついた。田河水泡の「のらくろ」「凸凹黒兵衛」「蛸の八ちゃん」、島田啓三の「冒険ダン吉」、井元水明の「長靴の三銃士」、宮尾しげをの「団子串助漫遊記」、吉本三平の「コグマノコロスケ」とあげていったなかに阪本牙城の「タンク・タンクロー」がまじっている。いちばん印象深く記憶に残っているのが「タンク・タンクロー」だった。

「これはまことに奇々怪々な漫画というべく、物語のそもそもの発端は、東海道の松並木に正体不明の炭団《たどん》みたいな真っ黒な球体が一つ、ごろりところがっているのである。通行人が近づいてみるが、なんだか分らない」

以下、なんともたのしげに、「真っ黒な球体」をめぐって語っていく。すなわちタンク・タンクローであって、球体にはいくつも穴があいていて、その穴から亀のように手が出たり、足が出たり、顔が出たりする。ちょんまげを結《ゆ》い、ひげを生やしたサムライの顔で、足には長靴をはいている。

「さらに驚くべきは、このタンクローが恐るべき超能力の持主で、球体の穴から手足のみならず、刀でも鉄砲でもピストルでも、ありとあらゆる武器を繰り出すことができるという点であろう」

危険がせまれば顔も手も足も穴の中にひっこめて、ゴロゴロと地上をころがっていく。そうかと思うと、いきなり穴からプロペラと翼を出して、空中を自由自在に飛びまわる。

タンクローの宿敵は黒カブトと称する怪人物で、これがタンクローに劣らず奇怪な肉体的構造をそなえ――息をつめて読み耽っている少年の眼差しそのままに述べていって、そのあと空中を飛びまわるタンクローと、水中を疾駆する黒カブトの壮烈な一騎打ちと相なるわけだ。

現在ワンサと見かけるナンセンス漫画、あるいは一種のＳＦ漫画だろうが、昭和十年代にはごく珍しく、多感な少年に強烈な印象を与えた。

澁澤龍彥の回想で目をひくのは、「昭和十一年前後」と章名をつけ、ナチス・ドイツの思い出を述べていることだろう。

昭和十一年（一九三六）　日独防共協定調印
昭和十五年（一九四〇）　日独伊三国同盟

軍国ニッポンがナチズム・ドイツ、ファシズム・イタリアと運命共同体に入ったときである。ラジオは毎週、日独交換放送、あるいは日伊交換放送を流していた。東京・ベルリン、東京・ローマのあいだでニュースやメッセージを交換する。ドイツからは、まずナチス突撃隊の歌である「ホルスト・ヴェッセル」のメロディーがひびいてきた。ローマではファシストの歌のメロディーである。少年の敏感な耳は、歌詞を発音で覚えてしまった。ドイツだと「ディー・ファーネ・ホッホ　ディー・ライヒエン・ディー・ゲシュローセン」と歌い出す。イタリアだと高らかに「ジョヴィネッツァ　ジョヴィネッツァ　プリマヴェーラ　ディ・ベルレッツァ……」小学生は胸おどらせながら、画用紙にクレヨンでナチスのマークのハーケンクロイツ（鉤十字）やファシストのマークのトリコローレを描いていた。

昭和十三年（一九三八）、ナチスの青少年組織である「ヒットラー・ユーゲント」の一団が親善使節として来日した。

「私たちは半ズボンをはいた彼らのカッコよさに目をみはったものである」

当時、小学四年生。歓迎用のヒットラー・ユーゲントの歌がつくられ、ラジオでよく放送されていた。

燦《さん》たり輝やくハーケンクロイツ
ようこそはるばる西なる盟友……

ドイツ語の「ユーゲント」は青少年の意味だが、小学生はそんなことは少しも知らない。ユーゲントの「ト」がほとんど聞きとれないので、ヒットラー・ユーゲンといって、仲間うちではユーゲンがヒットラーの名前と思っていたのも多かった。姓はヒットラー、名はユーゲンというわけである。

さかのぼって昭和十一年八月、ベルリン・オリンピックが開催された。オリンピック熱に浮かされた小学生は先生に引率されてレニ・リーフエンシュタールの記録映画『民族の祭典』や『美の祭典』を見に行った。

日本人の誰もが経験したことであるが、戦後ナチスの悪行があかるみに出るとともに話題から消えた。口を拭ったようにそ知らぬふりをして、突撃隊の歌に胸おどらせたなどと言うと眉をひそめ、いきり立つ人もいる。

「考えてみると、この時代の或る種の雰囲気のことを書くひとは極端に少ないようである」そんな時代思潮なり国民感情をきちんと書き残したのは、いかなるジャーナリストでも歴史家でもなく、また社会学者でもなく、もっとも時代から遠いタイプと思われていた非日常の文筆の人だった。彼はラジオから「ホルスト・ウェッセル」のメロディーにつづいて、たどたどしい日本語で、「ニッポンノミナサマ、コチラハベルリン放送局デアリマス」などと、ドイツ人アナウンサーの声が聞こえてきたことを書きとめている。ファシストの歌のメロディーがまことに調子のよいものであったこともよく覚えていた。

ずっとのちのある年、澁澤龍彦はローマのホテルに滞在していた。そこのやたらにノッポのフロント係がファシストの歌のメロディーを口笛で吹いているのに気がついた。酔っぱらってホテルに帰ってきた夜にフロントで鍵を受けとる際、まねをして同じメロディーを口笛で吹いてみせたところ、ノッポのイタリア人はにやりと笑った。むろん、ネオ・ファシストでも何でもなく、ほぼ同じ世代と見えたから幼いころに覚えたまでだろう。今となっては「なつかしのメロディー」であって、それ以上ではなかったはずだ。少し上の世代にとってはドイツ・ウーファー映画の主題歌がなつかしいように、自分たちには突撃隊のメロディーがなつかしい。「イデオロギーはまったく関係ないのである」。澁澤龍彦はこともなげに、そして断乎として断言した数少ない証言者の一人だった。

「写真家の桑原甲子雄氏が『東京昭和十一年』という、じつに何ともなつかしい写真集を出しているが、たしかに昭和十一年という年は、政治的にも社会的にも文化的にも、ふしぎにいろいろな事件があって象徴的な年だったと思う」

つづいて同書によりながら昭和十一年に起きた事件をあげている。日独防共協定調印のほかにも、主な出来事が目白押しである。

○二・二六事件
○ロンドン軍縮条約脱退
○メーデー禁止
○大本教、ひとのみち教団検挙
○イタリアがエチオピアを併合
○フランス人民戦線内閣成立
○スペイン内乱勃発
○ソ連でスターリンによる大粛清はじまる
○魯迅没、西安事件
○阿部定事件

さながら現代史を煮つめたぐあいなのだ。新聞の大見出しとともに、身をもって時代を知った。澁澤龍彦は超俗的な文雅の人と見られがちだが、実のところ乱世の子として同時代を生きてきた世代だった。

雑誌に連載のときは「のぞき眼鏡」のタイトルだった。小さな視野に、よりくっきりと世界が凝縮されている。そんな回想記に、おりおりさりげなく家族のことが顔を出す。先にあげた夏の夕食後の上野池之端の夕涼みがその一つだった。昭和十一年前後から太平洋戦争勃発の年まで、一家で毎年かならず房総半島の大原に出かけた。

「両国駅から汽車に乗って避暑に行くというのが、そのころの東京人のしゃれたやり方で、軽井沢なんかに行くひとはよっぽどスノッブだったと思う」

家には女中がいて、少年を「おぼっちゃま」と呼んでいた。母は十七歳のときに関東大震災にぶつかった。

「そのころ芝高輪の祖父の家に住んでいたが、たまたま夏の終りだったので、祖母とともに鎌倉雪ノ下の別荘に滞在中だった」

グラリと揺れたとたんに、はだしで庭へとび出し、夢中で這って逃げた。振り返ると家が倒壊するところだった。祖母は頭上から落ちてきた梁《はり》のために身動きができず、家に出入りの鳶《とび》のかしらに頼んで、その肩でぐいと梁を持ち上げてもらって、ようやく脱出できた——きれぎれのエピソードから、大正・昭和初期の東京のブルジョワの家庭が浮かび出る。

そんな家族事情を背景にして、父親のことが、輪郭をエンピツでなぞるようにして書かれている。父は明治二十八年（一八九五）生まれ。

「七つか八つのころだったと思うが、競馬が好きだった父に連れられて、私は中山競馬場に行った」

秋晴れの日曜日の午後で、物めずらしさに浮き浮きしていた。スタンドの高いところに、父とならんで腰かけていた。それから父が馬券を買いに行って、少年はひとりになった。「じきにもどる」と言いのこして出かけたが、待っても待っても、もどってこない。一時間、二時間、レースが始まっては終わり、周囲は沸き立ち、どよめき、観衆が立ち上がると、しょんぼりうずくまった少年は、足の下に踏みつぶされるような気がした。

そんなとき、幼い者がきまって思うことだが、「もしかしたら、父は意図的に私を置き去りにして行ってしまったのではないか、という疑いが頭をかすめたりもした」。

べつに父は子どもを試練にかけようとしたのではなく、スタンドをまちがえ、あらぬ方を捜していたのだった。汗びっしょりになって自分を捜している姿に気づいたとき、「それまでの競馬場の取りつく島のないような孤独の雰囲気は、私にとって、たちまち別のものに一変していた――要するに、それだけの話である」

情緒的になるのは「それだけの話」で打ち切りにして、つづいて父親に触れている。若いころから競馬以外にも相撲や野球見物、食べもの屋通いが大好き。酒がダメなので、もっぱら食べるほうに関心が向いた。

「父はいかにも大正年間（つまり一九二〇年代）に青春時代を送ったひとらしく、いま考えてみるとずいぶん多趣味だったと思う。歌舞伎や芸事やスポーツには驚くほどくわしかったし、賭け事は得意だったし、当時の新しい流行というべき写真や登山にも手を染めていた。槍ヶ岳や穂高や、そのほか目ぼしい日本アルプスの山々にはほとんど登っていて、山で危うく遭難しかけた話をよく子どもたちに語って聞かせたりした」

世の中が戦争色をおびてくると、徹底して時代とへだたりをとった。そんな父親に、息子は共感を覚えずにいられない。「戦争傍観者として、父はかなり一貫していた」ように思うからだ。

ままならぬ戦争の時代をくぐり抜けたとたん、ぽっくり六十歳で死んでしまった。多彩な趣味人が平凡な銀行マンとして一生を終えた事情については、何も告げられていない。それに触れるとなると、語りたくないことも語らなくてはならないからだろう。府立五中の三年先輩で、若いころ先鋭な小説を書いていた椿 實《つばきみのる》の『メーゾン・ベルビウの猫』（幻戯書房、二〇一七年）

に、澁澤龍彥を語った「無意識のロマン」が収められているが、あるとき、「君は澁澤さんの一族だそうですが」と水を向けたところ、「そういうことになっております」と答えたそうだ。椿實はいっさい察知して、それ以上は問わず、書きもしていない。

当人が公にしたくなかったことに触れるのは、まるきり私の好みではないが、父親の生き方にかかわっている。「澁澤さんの一族」、つまり近代日本の大実業家・澁澤榮一の家系である。はじめは官に出仕したが、三十代以後は実業にたずさわり、みずから興《おこ》したり名をつらねた会社は五百あまり。よほど時代を見る目をそなえていたのだろう。ことごとくといっていいほど成功させ、近代産業国家の基礎づくりをした。単なる経済人ではなく、引退後は多くの社会事業に尽くしたし、「青淵《せいえん》」の号で書や文をよくした。

澁澤龍彥の父親が一族のなかで、どのようなかかわりにあったか不明だが、息子や娘たちの処遇に関しては豪家におさだまりのルールといったものがあったと思われる。男子には、成人して学校を出ると家長の息のかかった会社なり銀行なりがあてがわれ、暗黙のうちに出世コースが約束されていた。娘たちは行儀見習いを終えると、しかるべき配偶者のもとへ嫁いだ。家長は就職先や配偶者に加えて、ときには住居も用意した。澁澤一族の本家は埼玉県深谷市にあった。大実業家は引退後、北区飛鳥山に邸宅をかまえた。現在、渋沢史料館、青淵文庫として残るのがそれである。銀行勤めの父がまず住居としたのが川越、東京に出てきて北区滝野川中里に住んだ。地図を開くとわかるが、飛鳥山の西どなりが滝野川。少し南の駒込に近いところが中里。現在は町名が細分化されているが、辺りはながらく「滝野川中里」の名で通っていた。職業、さらに住居に及んでも、一族の面々には手厚い庇護が図られた。それはブルジョワの恩恵であるとともに、たえずのしかかって監視する呪縛でもあった。有形無形の庇護と呪縛のなかで一介の銀行員には、趣味が唯一の解放区だったのではなかろうか。それかあらぬか、その子は「のぞき眼鏡」で見た一つをしるしとめている。

「私は或る日、父といっしょに新宿で映画のはしごをやったことがある。たしか武蔵野館の近くだったと思うが、次から次へと洋画をやっている映画館に入ってゆく父を、私は奇異な思いで眺めていた」

子ども心に気がついていた。父はなにか憂鬱なことがあって、気をまぎらわすために息子を連れて映画館のはしごをしている。その憂鬱の原因は勤務先にあったのか、それとも家庭内にあったのか、そんなことは子どもにわかるわけはなかったが、父親がなにやら重たげなものをしょっていることは、幼いなりにはっきりと感じとっていた。

父の気持ちを考えるといった余裕が生じたのはずっとのちのことだが、競馬場の孤独はひとり少年にとどまらなかった。大いなる一族の一人に生まれ、その本流である銀行に身を奉じた男のやるせない閉塞感。非日常の書斎型文人の生まれたことには、厳しく現実を見すえた目があった。

「父のとむらい合戦という意味でも、私はできるだけわがままをして、浮世のしがらみを断ち切って、自分勝手に生きなければならないと考えている」

大人の世間知が何よりもたっとばれるニッポン国にあって、澁澤龍彦は少年のヴィジョンを至上原理にして成熟した。それは感覚であって、同時に思想であり、しばしば体験ですらあった。つまりは生のヴィジョンであって、だからこそ彼は誰はばかることなく楽しげに語ることができた。たとえば十六世紀フランスの外科医の伝える「亀に似た円形の怪物」の話である。それは完全にシンメトリックで、背中に十字の印があり、それぞれの四つの先端に目と耳がついている。

「脚は十二本、円形の周囲に放射状に生えている。つまり、この獣は四方を見たり聞いたりすることができ、身体の向きを変えないで、そのまま四方に進むことができるのだ」

西洋の不思議の書でこの怪物を知ったとき、なんとまざまざと、またうれしく、幼い日のタンク・タンクローを思い出していたことだろう。

澁澤龍彦にとって、時間は過去の驚異だった。これと自由に往き来して、みずからの博物誌をつづっていった。いっぽう空間は未来の驚異だった。これをへめぐって『うつろ舟』や『高丘親王航海記』などの奇想旅行記を書きとめた。このおとぎの国の蒐集家は、言葉のもっとも純粋な意味でノンセンスの哲学者と呼ぶことができる。およそ現世的なジャーナリズムにあって、終始何くわぬ顔をして、もののみごとに「父のとむらい合戦」をやってのけた。

『狐のだんぶくろ』には回想だけでなく、実際に歩いた報告が「滝野川中里付近」の名で収められている。卒業した滝野川第七尋常小学校の同級生の集まりがあって、元クラス仲間と田端駅前で待ち合わせた。集まりは次の駒込駅の近くだったが、昔よく歩いた道を再訪したいと思って田端駅にしたのだ。

「五十すぎの男が二人、思い出の土地を再訪するために、浮き浮きしながらランデブーしているすがたは、なんとなくおかしいような気がしないでもなかった」

この人が終始もっていた、いたずら好きの少年のような、もう一つの顔である。

上野からの山手線は田端駅を出ると、左に大きくカーブして駒込駅に近づく。旧中里はほぼそのカーブにつつまれた一角にあって、中年同級生が田端駅→江戸坂→田端高台通り→富士見橋→中里橋のコースをとったことがわかる。江戸坂のしも手に「田端文士村記念館」という大きな建物ができている。大正から昭和初年にかけて、芥川龍之介や室生犀星や福士幸次郎といった作家、詩人がこの界隈に住んでいた。どちらかというと東京の場末であって、家賃が安かった。田端はだらだら坂のつづく高台であり、見晴らしがよかったせいもあったかもしれない。

「富士見橋を渡る。橋といっても、下に電車が通っている橋だ」

橋を渡った右手が、変てこな三角地帯で、龍彦少年のころは「三角屋敷と呼ばれた茫々たる原っぱ」だった。現在は京浜東北線と山手線と湘南新宿ラインに三方を囲まれ、田端中学と民家が少しある。

「この坂は私の好きな坂である」

山手線と平行して駒込駅へ下っていく坂道で、かなりの傾斜をとっている。回想記によると、坂道の途中にモダンダンスの練習所があって、三木一郎という人が主宰していた。悪童どもが裏手の墓地の樹によじのぼって、こっそりのぞいたところ、「女の子はすべてあられもない水着スタイルである」。水着をダンス着にあてていたのか、それとも当時の軍国少年にはダンスのコスチュームが水着に見えたのか。いずれにせよ気の毒にも、以後三木先生には「すけべえ」のあだ名がついた。

坂を下りきったところが中里橋で、山手線は踏切、一段下の湘南新宿ラインは跨線橋《こせんきょう》という珍しい組み合わせになっている。橋を渡って直進すると、滝野川第七小学校の前へ出る。校舎の屋上に「かがやく滝七　未来へつづけ」のスローガンが掲げてある。校門わきに枝をのばした古木からも、歴史の古い学校であることがわかる。あるとき、フェンスに小さなお知らせがつるしてあった。

「滝七小　旧・現職員と卒業生の集い　卒業生なら誰でもＯＫ　懐かしい友達、先生に会えるかも」

お菓子、飲み物の用意があって、会費３００円はつつましい。デザイン化した「小」の字に「七」をかぶせたマークがついていた。滝七小学校の校章で、のちの高雅の文学者は、そんなバッジつきの帽子をかぶって、遊び歩いていたらしい。

野坂昭如

道化志願

いつも黒いサングラスをかけていた。独特の早口で、明快に語る。作家であるが、同時にあるときはキックボクサー、あるときはＣＭのモデル。テレビの常連で、雑誌の編集長で、大学紛争では全共闘支持。「中年御三家」と称して日本武道館でコンサートを開いたかと思うと、参議院議員選挙に東京地方区から出馬。衆議院選では新潟三区で田中角栄の対抗馬……。

一九六〇年代から八〇年代にかけてのことである。世は池田内閣がブチ上げた「所得倍増」で沸き立っていた。月給が二倍になる。夢が二倍にも三倍にもふくらんだ。安保に明け暮れた政治の季節が終わり、経済大国ニッポンの始まり。

そんな時代に野坂昭如《のさかあきゆき》は、みずから道化役を買って出た。「高度成長」とやらをシニカルにシャレのめした。エコノミック人種を挑発し、ケムに巻き、やおら冷水をあびせかける。世間はとっくに焼け跡・闇市など忘れたというのに、自分はまさにその申し子だと、くり返し述べ立てた。

黒四ダム、名神高速、東海道新幹線、千里ニュータウン等々、巨大土木工事が堰を切ったように始まった。そのなかで小説を書き出し、首尾よく直木賞作家となったが、いぜんとして道化役はやめなかった。国中がわけもなく浮かれているなかで、いかがわしく、こすからしく、ノーテンキな日本人の戦後風俗を書きつづけた。

昭和四十五年（一九七〇）発表の短編に、「泥鰌《どじょう》地獄」がある。野坂昭如、四十歳のときの作。さらに四十年後、単行本収録に際し、リハビリ中の不自由な身で、短いコメントをつけた。

「熱い鍋に生きた泥鰌を入れてしょうゆで味をつけ食べる。泥鰌鍋というのは今でもある。ぼくは特に好物ではないが戦後すぐ、闇市の外れで食べた泥鰌汁は忘れがたい」

熱い鍋に放り込まれた泥鰌がもんどり打ってはねまわる。そんな泥鰌に、かつての自分を見ていたのではなかろうか。

いかにもありきたりだが、しかし野坂昭如を語るなら、やはり言わなくてはならない。昭和五年（一九三〇）の生まれ。そろそろ国中がキナ臭くなってきたころである。早くに母を失い、神戸へ養子に出された。誕生の翌年、満州事変が勃発した。「事変」などと曖昧に言いくるめてあるが、兵士の動向よりしてレッキとした戦争だった。関東軍、奉天占領。さらに翌年、上海事変。関東軍、ハルピン占領。もはや軍部の独走はとどめ得ない。満州国建国、ついで五・一五事件。

そろそろ少年にまわりのことがわかってきたころである。昭和十二年（一九三七）、支那事変、南京占領。翌年、武漢三鎮占領。少年は意味もわからず「ブカンサンチン」と言いそやした。昭和十四年（一九三九）、ノモンハン事件、満蒙国境で日・ソ連軍が衝突。昭和十六年（一九四二）、日本帝国海軍、ハワイ真珠湾アメリカ軍基地を奇襲攻撃、米英に宣戦布告。太平洋戦争の始まりである。

このころ少年は毎朝の新聞を食い入るように見つめていた。そこには目を剝くような大見出しが躍っていた。

「一億、今ぞ敵は米英だ！」

「新体制の躍進」

「前進する日本軍」

「空前の大戦果」

戦線の拡大とともに「大東亜共栄圏」といった新しい語彙が加わってきた。

「南へ！　南へ！」

「アジア　ワ　ヒトツ」

つかのまの勝利が、なだれを打つような劣勢に転じると、またも新語が登場した。

「特別攻撃隊の勇士」

「決戦熾烈《しれつ》」

「われら一億英魂に應《こた》へん」

「撃ちてしやまむ」

用語の使い方に特徴があった。戦果は誇示しても、同時に受けたはずの損害は「微少」と片づける。全滅は「玉砕」といった詩的用語で美化した。追い立てられても「転進」である。「特攻」こと特別攻撃隊は敗色濃くなってから編み出された戦法と思われているが、真珠湾攻撃で「甲標的《ひょうてき》」と名づけられていた特殊潜航艇乗組員にすでに使われていた。出撃すると、帰還はほぼ不可能である。

満十一歳の少年の目にした新聞には、こうあった。

「純忠比なし軍神九柱」

おぼろげながら兵士は死ぬためにあり、死ぬと「神」として祀るプログラムがあるらしいことがわかった。「悠久の大義」「神国不滅」「護国の霊」……意味のよくわからない言葉が出廻るにつれ、町から食べ物が失せていった。野坂昭如がくり返し語ったその後の経歴を、短くとりまとめると以下のとおり。

十四歳のときの神戸大空襲で養父は爆死、養母は大火傷《やけど》。つれだって疎開した義妹は餓死。養母の実家をたよって上京。盗みが露見して多摩少年院。そののち新潟の実父に引きとられ、十八のとき野坂の姓にもどる——。

神戸大空襲は昭和十九年（一九四四）に始まるアメリカ軍B29戦闘機襲来の一環だった。当時の言い廻しでは「本土空襲」であって、それが本格化するのは翌二十年（一九四五）初頭からである。

1・3　B29九十七機、大阪、名古屋に来襲。
1・6　B29八十機、大村を空襲。
1・9　B29七十二機、東京、中島飛行機、横浜、藤枝、沼津を空襲。
1・14　B29七十三機、名古屋（三菱重工名古屋工場）を空襲（1・23も）。
1・19　B29八十機、阪神地区を空襲。中心は川崎航空機明石工場。
1・27　B29七十六機、京橋・日本橋・麴町・荒川・浅草区他空襲。銀座消失。
2・4　マリアナ諸島から来襲したB29約百機のうち、主力八十五機が神戸を初の本格的空襲。他の約十五機は三重県下を空襲。
2・10　B29百機、太田市中島飛行機工場を空襲。

（『昭和史全記録』毎日新聞社。以下同）

すでに二月に神戸は空襲にみまわれたが、このときは軍需産業が主眼で、市民は炎を上げる工業地帯を高台からながめていた。やがてB29の編隊は、急速に大がかりになっていった。

3・4　B29百九十四機、城東・深川・本郷・豊島・足立区空襲。
3・10　東京大空襲。
3・12　B29百三十機、名古屋市内を空襲。
3・13　B29約九十機、大阪を空襲。3・14も再び空襲。焼失家屋十三万戸。
3・17　B29六十機、神戸市街を空襲。
3・18　米艦載機延べ千四百機、九州南部及び東部四国の一部を空襲。
3・19　米艦載機約千百機、阪神、瀬戸内海、九州の一部を空襲。

目標は軍需産業エリアに限られなくなった。爆弾が無差別に降りそそぐ。三月十日は陸軍記念日で、首都圏では報復攻撃をかねた大空襲が噂されていた。九日から十日になったばかりの午前零時八分、千六百六十五トンの高性能焼夷弾《しょういだん》を満載したB29三百二十五機が東京上空に侵入。これまでにない超低空爆撃だった。第一弾投下は零時八分、終了が二時三十七分。わずか百四十九分間に東京東部一帯は焦土と化し、百万人以上が住居を失い、死者十万人。

神戸は三月十七日に空襲を受けたが、野坂昭如の養家は無事だった。神戸市灘区中郷町といって、細長い帯のようにのびた神戸市の東部にあたる。養父、養母、祖母、昭如、養妹恵子の五人家族。空襲は順次、飛行場などの軍事基地攻撃から無差別殺戮へと移っていく。アメリカ軍は住宅地への爆撃に先立ち、「空襲豫告」と銘打ったビラをまいたといわれるが、免罪符がわりであって、市民の手のとどくものではなく、また直前に予告されていたとしても、どうするすべもなかった。

4・15〜16　B29百二十機、大森・蒲田・目黒・麻布・荏原・世田谷区の大部、渋谷・向島・日本橋・江戸川区の一部空襲。
4・15　米艦載機、鹿児島、宮崎南部地区飛行場を銃爆撃。
4・16　米機百機、九州南部の飛行場を空襲。
4・17　B29八十機、宮崎、鹿児島、熊本各市を空襲。
4・19　P51百四機、関東地区初来襲。
4・21　B29二百機、九州一円を空襲。
4・22　B29二百五十四機、宮崎・鹿児島飛行場を空襲。
4・23　B29百二十機、立川方面を空襲。
4・24　B29百三十三機、立川の日立航空機、静岡市を空襲。
4・26　B29百機、九州、四国の飛行場、今治市を空襲。

4・27　B29二百五十九機、南九州飛行場を空襲（〜30）。
4・30　B29百十一機とP51百機、立川陸軍航空廠、浜松市等を空襲。

ここには洩れているが、神戸は四月二十二日にも空襲を受けた。幸い灘区中郷町は何ごともなかった。以下五月のくだりを掲げるが、攻め手の苛烈さが見てとれる。

5・4　B29九十九機、大分、大村を空襲。関門海峡に機雷投下。
5・5　B29六十四機、九州、四国の飛行場を、六十二機が九州の飛行場を、百七十二機が呉の海軍工廠、第十一航空廠をそれぞれ空襲。百二機が東京湾、伊勢湾、瀬戸内海に機雷投下。
5・8　P51、千葉、茨城付近の飛行場を銃爆撃。
5・10　B29四百十七機、岩国、徳山、呉、松山等の焼夷攻撃開始。
5・11　B29百五機、神戸市を空襲。川西航空機の甲南工場焼失。
5・13　米艦載機延べ九百二十機、鹿児島、宮崎、大分各市を午前、午後にわたり銃爆撃。
5・14　米艦載機延べ七百二十五機、九州の飛行場を銃爆撃。
5・14　B29五百二十九機、名古屋地区来襲。名古屋城天守閣全焼、金の鯱鉾のうち雌鯱は疎開して無事だったが、雄鯱は焼失。↓5・17　B29五百二十二機、名古屋市を大空襲。熱田神宮の一部炎上する等、名古屋市街半分は米軍攻撃により焼尽し、同市に対する地域攻撃は終了とした。

5・19　B29三百十八機、関東地区各方面、浜松、静岡、豊橋各市を爆撃。

5・24　東京山の手大空襲。

5・28　関門海峡と日本海側港湾への機雷投下は今日までに千三百十三個。

5・29　B29五百十七機、P51百機を伴い横浜を午前中大空襲。

三月の神戸大空襲につき野坂昭如は主として、防空壕に生き埋めになった死体のことを述べている。初めての空襲であって、十四歳の少年はおじけをふるいながらも好奇心に駆られて見にいったのだろう。びっしりつまった死体は、そのあとの雨でふくれ上がっていた。下半身を焼かれ、陰部むき出しの母親。血だらけで生きていて、死んだ母の手をにぎり、すわりこんでいる少女。真っ黒で、大まかに人間の形だけをしている死体。まとめて道ばたに積み上げられていたのがトラックで山に運ばれ、重油をかけて燃やされた。

6・1　B29五百二十一機、初めて大阪を午前に大空襲。

6・3　沖縄の米小型機百七十二機、南九州に来襲。
6・5　B29五百三十一機、神戸、芦屋、西宮方面を早朝爆撃。

この日のことは「焼跡からの出発」と題して、きわめて冷静につづっている。

「六月五日午前五時に空襲警報が発令された」

曇り空。白々と明けそめる少し前、爆音始まる。つづいて落下音。

「ハタと音が失せ、まったくの静寂が何百分の一秒かあり、つづいてパンパンパンと、クリスマスのクラッカーのごとき、軽い音が連続して起こった」

焼夷弾は直径約六センチ、八角形、長さ八十センチ。何百本かが束ねられて投下され、地上近くでバラバラにほどける。いわゆる「モロトフのパンかご」タイプ。

「階段からたたきおとされ、庭にからだを伏せると、目耳鼻を指でおさえて口をあけ、鉄カブトと防空頭巾があるのに、さらにバケツに頭を突っこんだ。伏せているからだの下の大地が、揺れうごき、下腹を突きあげる」

爆音がやんで、ホッとして家を見ると、玄関がなく、家の半分が吹きとび、残る部分もメチャメチャにこわれていた。窓というよりも穴といったほうがいいところから黒い煙がゆるやかに流れ出ていた。人の姿はない。

あとでわかったが、養父は二百五十キロの焼夷弾に直撃されて五体四散した。養母と祖母も死んだ。疎開させていた幼い妹と、まったくの偶然から生きのびた十四歳の少年が焼け跡に放り出された。

そのひと月ばかり前のことだが、アメリカの週刊誌『タイム』一九四五年五月二十一日号は、元帥服姿の昭和天皇の肖像を表紙にしていた。背後に旭日が見え、天女が剣を差しのべている。タイトルは「テンノー・ヒロヒト（天皇裕仁）、アナクロニズム（時代錯誤）はいつまで続くのか」

元帥服姿は勇ましいが、昭和二十年五月であって、日米戦争は最終局面に入っていた。アメリカ軍は沖縄に上陸、本土はいま見たとおり空襲につぐ空襲で、首都東京をはじめ、主だった都市は一面の焼け野原だった。それでも日本当局が講和を申し出ない。一向にそのけはいがないのはどうしてか。不可解な問題に直面して、アメリカ側は首をかしげ、とどのつまり天皇の存在にいきついた。

よく言われるように、日米双方には、とてつもなく知力、情報力の相違があった。大日本帝国は「敵性語」として英語の使用を禁じ、情報は一切シャットアウトされていた。「鬼畜米英」であって、犬畜生のことなど知る必要はないのである。一方アメリカでは東洋通、また日本語学者を総動員してチームを組み、あらゆる分野にわたる日本研究を行なっていた。敵に勝つためには、まず敵を知らなくてはならない。そんな研究チームからベネディクト女史の『菊と刀』といった秀抜な日本人論が誕生した。

開戦当初の戦果で日本中が浮かれていたころ、補給線をもたない電撃戦が、いずれ行きづまることをアメリカ側は見通していた。名家の御曹子にして有力政治家近衛文麿が気の弱い人物であって、決断を迫られると雲隠れして、軍部のなすがままになることも予測していた。手にあまったのは大元帥天皇ヒロヒトである。『タイム』によると、戦争の軸足をヨーロッパから太平洋にうつしたアメリカは、「驚くべき事実に直面することとなった。ここでの戦争の相手は神だったのである」(杉本博司訳、以下同)

この二十世紀に「現人神《あらひとがみ》」がいて、七千万国民が、まさしく神として崇めている。アメリカ人には「いささか出っ歯で、いささかガニ股で、胸板が薄く、眼鏡をかけた小柄な男」としか見えないのに、日本人はいかに悲惨な状況であれ、「天皇陛下万歳」と叫んで死ねば「英霊」になると信じている。

アメリカ人はこの時点ですでに戦後処理を考えていて、駐日大使として長く日本に滞在したことのあるジョセフ・クラーク・グルーを国務次官に起用していた。その意見をいれ、新しい国づくりには「天皇制を利用」の方針を固めていた。むろん、その前に講和を結ばなくてはならないが、天皇ヒロヒトは、いつ決断を下すのか？

アメリカ軍は総攻撃に周期をもうけ、天皇決断のときをうかがっていたふしがある。昭和二十年三月の東京大空襲は大編成隊による第一波空襲にあたる。死者約十万人、皇居も被害を受けた。ついで五月二十五日に始まる第二波は、名古屋、大阪、神戸など、東京につぐ大都市に目標をうつし、正確に焦土へと変えていく。そのあと第三波として、高性能新型爆弾（原爆）が用意されていた。

このような状況に及んでも、なお「神」は黙したままで決断は下らない。緊急閣僚会議は「敵を潰《つぶ》し、敗北したドイツの仇討ちをする」と誓約し、「どこまでも戦う」という声明を発表、天皇ヒロヒトもこれを勅認した。『タイム』誌は論評をしめくくっている。「古代エジプトは不滅不死の欲望ゆえに消滅した。（…）この世紀において、不滅の皇室の神聖なる象徴としての裕仁《ひろひと》に立ちはだかる重大な問題は、時代錯誤がいつまで続きうるか、ということである」

歴史の示すとおり、さして続きはしなかった。アメリカは第三波に踏みこみ、八月六日、広島に原爆（ウラニウム爆弾）投下。同九日、長崎に原爆（プルトニウム爆弾）投下。ようやく八月十五日、天皇は戦争終結詔書を放送。新聞はいっせいに「聖断下る」と書き立てたが、元日本大使グルーは述べたという。

「あまりにも遅すぎる」

この間、六月五日の大空襲で家族を失った少年のその後——

「疎開先へ恵子を迎えに行き、そこは大阪の郊外で、やがて夏にさしかかろうとする淀川の堤防に二人腰を下ろし、食べさせようと持って来た、焼け出されに配られる麦まじりの握り飯を雑嚢《ざつのう》から出すと、それはすでに腐りかけ糸をひいている」

幼児にとって少年は庇護者役の父親であり、介護役の母親でもある。少年は糸をひいた握り飯から白い米粒をえって恵子の口に入れてやる。幼児は無心に木の玩具をカタカタ鳴らしていた。

西宮の山の近くに部屋を借りた。近くに貯水池と小川があり、無数の蛍がいた。蚊帳の中に蛍をはなして軍艦マーチをうたってやると、恵子はうれしそうに笑った。父の財産はのこされていたが、闇で食料を買えるような才覚は少年にはまだない。しかも十四歳は食べ盛りなのだ。山からとってきた薪で、水ばかりといっていい粥を炊く。妹に食べさせなければと考えても、粥をよそうとき、どうしても米粒を自分の茶碗にとり、重湯を恵子に与えてしまう。その口にさじで運ぶとき、ふうふう吹くついでに自分でつるりと飲んでしまった。

幼児は日ましに骨があらわになっていった。畑で盗んだトマトを持って帰って食べさせてやろうと心に決めても、つい自分の腹中に収めてしまう。食べ物が目の前にないときは、いろいろ食べさせ方を考えるのに、いざ目の前にそれを見ると、自分が餓鬼になってしまう。

「恵子はやがて、夜、ねむらなくなった。たぶん、空腹のためではないかと思う」

二十分ほど寝ると、火のついたように泣き出す。家主の手前、背負って表へ出る。自分も歩きながら居眠りをするぐあいで、ついにたまらず恵子をなぐった。はじめはお尻だったが、それでも泣くと、拳をかためて頭をなぐった。頭をなぐられると幼児は泣きやむ。味をしめて、夜はすぐになぐった。痛々が身にしみて泣きやんだとばかり思っていたが、ずっとのちに医者から、赤ん坊はすぐに軽い脳震盪《のうしんとう》をおこすと聞いた。頭をどこかに打ちつけると、一分か二分気を失う。大人はそれを眠ったとみて気づかない。

そのことを知ったとき、自分の顔があおざめるのがはっきりわかったという。恵子は泣くと痛いめにあうので泣きやんだのではなく、「ぼくの、ねむい余りのうっぷんこめたコブシでなぐられて気を失っていたのだ」

西宮にもいられず、福井県春江へながれていった。戦争が終わって一週間後、少年が銭湯から帰ってくると、もう泣く力も食べる力もなく、うとうととねむりつづけていた妹は死んでいた。動かないし、息をしない。

近くの寺の坊主に形ばかり経をあげてもらった。戒名をたのむと、その坊主はかたわらの紙片に、ただ恵子童女とだけ書いた。いかにもでたらめの感じに少年は泣いた。

棺は座棺で、着物をはがれた幼児は、まさに骨と皮ばかりだった。田圃の真ん中の石の炉で灰にした。骨は拾おうにも細々にくだけていた。かたわらにいたのは少年一人。灰のひとつかみを、胃腸薬の空缶に入れてもちかえった。

「あの昭和二十年の夏、十四歳の少年が、一年三ヵ月の赤ん坊を、育てられなかったからといって、別に気にやむことはないだろう」

時代が時代であって、幼児の運が悪かったといえばそれまでのこと。しかし、一年三ヵ月の赤ん坊の食物のピンをはね、その頭をブンなぐった記憶はなくなるものではないのである。どこまでも誠実な野坂昭如は回想のそのくだりをしめくくっている。

「ぼくは恵子のことを考えると、どうにもならなくなってしまうのだ」

少年が長じて、ことあるごとに道化志願に変じたとしても、それははたしておかしいことだろうか。十代半ばに混乱と廃墟の中へおっぽり出された。そこでは強くて抜け目なく、悪知恵のあるのが利をかっさらい、弱くて、やさしくて、不器用なのが淘汰されていく。大人よりはるかに正確な少年の目で戦争の荒廃、そして大人のウソ、すりかえ、隠しごとをつぶさに見ていた。現実を言いくるめてカモフラージュする手口において、戦中であろうと平和ニッポンであろうと日本人は少しも変わりはないのである。そのなかで元焼け跡・闇市少年には、道化役以外にこの世のどんな役柄があるというのだろう。

ハデな言動で隠されがちだったが、作家野坂昭如はおそろしく達者な、優れた文体家だった。巧みな出だし、リズミカルな話し口調、パロディの毒と、ふとのぞく冷めた眼差し。二つ年長で、すべてにおいておよそ対蹠的な人物である澁澤龍彦が、作家野坂をこの上なく正確に語っている。明治以来の近代日本の文学において、およそ「型破りの小説家、猥雑きわまる現実を、同じく猥雑きわまりない措辞と語法によって描き出しつつ、しかもその表現のたった一行とても、下品であったり野暮であったりすることのない不思議な文章家、男女のからみ合うベッド・シーンばかり書きたがる当節の通俗流行作家とは全く反対に、ひたすら観念のエロティシズム、欠如体としてのエロティシズムにのみ没頭する一種独特な性の探検家――私が野坂昭如という小説家についていだいているイメージは、ざっと以上のごときものである」(『エロ事師たち』解説)

この一篇を含めて『偏愛的作家論』をまとめたとき、あとがきにわざわざ「原則として自分より若い作家は省いた。例外は野坂昭如氏だけ」と断った。執拗に風俗を描きながら、しだいに風俗のワクをはみ出した幻想物語に移っていく放れワザに共鳴したからだろう。『骨餓身峠死人葛』の悽愴な地獄絵のなかに、もっとも甘美な情念のひらけるのに驚嘆した。人間の最低の生活条件のなかにこそ、滑稽やグロテスクや哀愁を見て、そのアイロニカルな人生の裁断の仕方が書斎派の美的享楽家にはことのほか気に入った。

せわしない足どりが不意にとまり、息せき切った明け暮れの代償のように、もの静かな人生の休暇が訪れた。平成十五年（二〇〇三）、野坂昭如は脳梗塞で倒れた。それから十二年の歳月が流れ、せわしない世間があらかた黒いサングラスの道化男を忘れたころ、ひっそりと世を去った。このうすら寒い世の中とおさらば。早々と人生の修羅場をくぐった人間として、とてもいい生き方をして、とてもいい死に時を見つけた。

おわりに

人体は前を向いている。目も鼻も口も、人間の感覚器官は、そろって前を向いている。胸も腹も足も、念入りに性器までもが前に向いてついている。自己保存のためには、つねに前を向いていなくてはならないからだ。

そんないきものが、ふと立ちどまる。うしろを振り向く。なにやら心をかすめたものがある。とたんにバックギアを入れたぐあいで、うしろ向きに進み出す。回想のなかに、こども時代があらわれる。

手塚治虫から野坂昭如まで十五人を書き継いだ。記憶に十五回の転生をさせたぐあいだ。そんなことをして何をあきらかにしたかったのか。

誰もが体験で知っている。立ちもどり、あともどりするとわかることだが、記憶は循環する。ちょうど季節が循環するように、冬が終わると春がもどってくる。ひとつ季節とちがうのは、循環とともに記憶のなかにひそんでいたもの、気づかずにいたものが、やおら立ちあらわれる。

回想がいや応なく自己認識をともなうのは、記憶のそなえている、そんな奇妙な性格による。こどもを仲介させると、その性格がなおのこと強まるだろう。のちのそれぞれの特徴がおおよそすべて、すでに顔をのぞかせていないだろうか。

こども巡歴を通して、それとなく問いかけたところがある。私たちの心性のなかにたしかにあって、しかし圧倒的な物量の洪水のなかで、いつしか見失い、忘れはてたもののこと。そんな思惑があって、手塚治虫を冒頭に、そして野坂昭如をしめくくりにしたような気がする。ひとりぼっちで始めて道化志願で終えた。そのあいだの人たちは、ながらく親しんできて、いわば隣人のようにみなしてきた。だから当人がつつしみ、立ち入りをはばかってきた幼少期に、つつしみを欠いて立ち入っても許してもらえないか。そんな身勝手なたくらみによる。

年齢をかさね、いまさらながらにわかるのだが、歩いていて、思いがけない段差に足をとられてつんのめる。ちょうどそのように、時間の流れにも思いがけない段差があり、ガクンと老《お》いこんだりするものだ。こどものときと、そのこども時代の終焉は、人生最初の意味深い段差ではなかろうか。

「みんな昔はこどもだった」のテーマは、講談社学芸クリエイトの今岡雅依子さんと、ともにあたためてきた。『現代思想』（二〇一二年十月臨時増刊号）に発表した「極大と極小——国男少年の世界」がきっかけだった。同じく『現代思想』に宮本常一のことを書いた（二〇一一年十一月臨時増刊号）。あとの十三篇は書き下ろしになる。まる三年がかりの仕事になった。一つまた一つできるたびに、今岡さんは丁寧に読み、講評ならびに励ましつきでもどってきた。いまにして思えば、よくまあ愛想をつかされなかったものである。ここに心からの感謝を述べておきたい。

二〇一八年二月

池内　紀

文中に「クロンボ」「あいのこ」という表現があります。「クロンボ」は、特定の人種を示すものではないこと、宮本常一が実際に日本中を歩きまわり、日焼けした姿をこどもたちが親しみを込めて呼んだ愛称であり、宮本の調査への姿勢をよく表していることから採用しました。「あいのこ」は、藤原義江が少年時代に被った差別の状況を記すことで、そうした差別意識の浅はかさを示し、差別解消の一助となると考え採用しました。いずれも今日では不適切とされる表現ですが、読者の皆様におかれましては、ご理解いただけますよう、お願いいたします。

——池内紀・編集部

池内　紀（いけうち・おさむ）

1940年、兵庫県姫路市生まれ。ドイツ文学者・エッセイスト。
著書に『ゲーテさんこんばんは』（桑原武夫学芸賞）、『海山のあいだ』（講談社エッセイ賞）、『恩地孝四郎』（読売文学賞）、『亡き人へのレクイエム』『記憶の海辺』、編注に森鷗外『椋鳥通信』（上・中・下）、訳書に『カフカ小説全集』（日本翻訳文化賞）、ゲーテ『ファウスト』（毎日出版文化賞）カール・クラウス『人類最期の日々』ほか多数。大好きな山や町歩きについての紀行文、本の虫としての書評、人物評伝にも定評がある。

みんな昔《むかし》はこどもだった

二〇一八年　三月二〇日　第一刷発行

著者　池《いけ》内《うち》　紀《おさむ》

発行者　渡瀬昌彦

発行所　株式会社講談社
東京都文京区音羽二‐一二‐二一
〒一一八‐八〇〇一
電話　〇三‐五三九五‐三五一二（編集）
〇三‐五三九五‐四四一五（販売）
〇三‐五三九五‐三六一五（業務）

本文データ制作　講談社デジタル製作

装丁　細野綾子

印刷　凸版印刷株式会社

製本　大口製本印刷株式会社

Printed in Japan　ISBN 978-4-06-220737-9　N. D. C. 914　254p　19cm